अँगरेजी-हिंदी

जूलियस सीज़र

महाकवि विलियम शैक्सपीयर कृत त्रासदी का

मूल अँगरेजी टैक्स्ट

और हिंदी काव्य अनुवाद

अँगरेजी-हिंदी

जूलियस सीज़र

विलियम शैक्सपीयर

हिंदी काव्यानुवाद

अरविंद कुमार

राधाकृष्ण प्रकाशन

ISBN : 978-81-7119-605-0

जूलियस सीज़र

पहला संस्करण : 2000

पहली आवृत्ति : 2022

मूल्य : ₹ 695

प्रकाशक

राधाकृष्ण प्रकाशन प्राइवेट लिमिटेड

जी-17, जगतपुरी, दिल्ली-110 051

शाखाएँ : अशोक राजपथ, साइंस कॉलेज के सामने, पटना-800 006

पहली मंज़िल, दरबारी बिल्डिंग, महात्मा गांधी मार्ग, प्रयागराज-211 001

वेबसाइट : www.radhakrishnaprakashan.com

ई-मेल : info@radhakrishnaprakashan.com

मुद्रक

बी.के. ऑफसेट

नवीन शाहदरा, दिल्ली-110 032

JULIUS CAESAR

by William Shakespeare

प्रस्तुति

प्रस्तुत है ***अँगरेजी-हिंदी जूलियस सीज़र*** - इस में महाकवि विलियम शैक्सपीयर का मूल पाठ और हिंदी काव्यानुवाद आमने सामने हैं... सीज़र की कहानी हम भारतीयों को अपनी सी लगती है. शायद हमें इस में महाभारत की झलक मिलती है - सत्ता और सिद्धांत के नाम पर इस का संघर्ष कितना सैद्धांतिक है कितना स्वार्थपरक, कितना जनहित में है कितना निजहित में - यह तय करना कठिन है.

मैं ने जूलियस सब से पहले पचासादि दशक के आरंभिक वर्षों में पढ़ा था. उसी दशक में नई दिल्ली में पंजाब विश्वविद्यालय के सायंकालीन कैंप कालिज से अँगरेजी साहित्य में ऐम.ए. में शैक्सपीयर के साहित्य से विशेष परिचय हुआ. कई सानेटों का हिंदी सानेटों में अनुवाद किया. शैक्सपीयर के अपने छंद आयंबिक पैंटामीटर में अनेक प्रयोग किए. उसी छंद में यह अनुवाद मैं ने 1988-89 में किया था. (मुझे दिल का भारी दौरा पड़ा था. कुछ महीनों बाद बाइपास सर्जरी करानी थी. डाक्टरी आदेश था कि मेज़ पर ***समांतर कोश*** के कार्डों पर श्रमसाध्य काम न करूँ.) अनुवाद में कोशिश है कि लगभग मूल जितनी पंक्तियों में ही अनुवाद हो. कई जगह फ़ुटनोटों के स्थान पर अतिरिक्त पंक्तियाँ अवश्य लिखी हैं. निर्णय करेंगे आप शैक्सपीयर प्रेमी या शैक्सपीयर पढ़ने पढ़ाने वाले छात्र और प्राध्यापक!

पहले मैं ने इस का भारतीय रूपांतर किया था - ***विक्रम सैंधव.*** वह श्री राम गोपाल बजाज को बहुत पसंद था. (उन दिनों वह राष्ट्रीय नाट्य विद्यालय के रंगमंडल के निदेशक थे. आजकल वह स्वयं नाट्य विद्यालय के निदेशक हैं.) वह उस की पंक्तियों को अपने निर्देशन में मंच पर प्रवाहित करना चाहते थे. घोषणा हो चुकी थी. घटनाक्रम कुछ ऐसा बना कि नब्बे आदि दशक के आरंभिक वर्षों में उस का निर्देशन श्री इब्राहिम अल्काजी ने किया. वह रूपांतर नहीं, अनुवाद मंचित करना चाहते थे. (उन के पास किसी अँगरेजी मंचन का वीडियो था). अतः मैं ने यह अनुवाद तैयार किया. अतिरेकपूर्ण भाषा में तब मैं ने लिखा - जूलियस के हाथों विक्रम मारा गया! बिल्कुल तो नहीं मरा - नाट्य विद्यालय ने उसे पुस्तक रूप में प्रकाशित किया है. लेकिन नाटक तभी नाटक बनता है जब उस का मंचन हो. अभी तक विक्रम का मंचन नहीं हुआ है - मेरी ज़िद है कि राम गोपाल बजाज ही उस का पहला मंचन करें. देखें कब!

मुझे इस बात की ख़ुशी है कि इस प्रस्तुति पर हस्ताक्षर मैं आज 1 अप्रैल 2000 को कर रहा हूँ. 55 वर्ष पहले 1945 में आज के ही दिन पंदरह साल का मैं मैट्रिक का इम्तहान दे कर, परिणाम का इंतज़ार किए बग़ैर, ***सरिता*** आदि पत्रिकाओं के छापेख़ाने दिल्ली प्रैस में डरता डरता घुसा था डिस्ट्रीब्यूटिंग-कंपोज़िंग सीखने, और डिस्ट्रीब्यूटिंग फ़ोरमैन मुहम्मद शफ़ी को गंडा बाँधा था. वहीं कंपोज़िंग फ़ोरमैन रामचंद्र जी से स्नेह मिला. लेकिन मेरे असली गुरु हैं ***सरिता*** के संपादक विश्वनाथ जी. उन के प्रोत्साहन से मैं शाम के समय पढ़ कर कैशियर, टाइपिस्ट, प्रूफ़रीडर, उपसंपादक बना और विश्व साहित्य पढ़ने और अनूदित करने लायक़ हुआ. ख़ुशी है कि इस का मंचन विश्वनाथ जी ने देखा सराहा.

1 अप्रैल 2000
सी-18 चंद्र नगर
ग़ाज़ियाबाद 201011

JULIUS CAESAR - जूलियस सीज़र

PERSONAE पात्रावली

JULIUS CAESAR	जूलियस सीज़र
Triumvirs after the death of Julius Caesar	**जूलियस सीज़र की मृत्यु के बाद त्र्यंवीर**
OCTAVIUS CAESAR	आक्टेवियस सीज़र
MARCUS ANTONIUS	मार्कस एंटोनियस
M. AEMIL. LEPIDIUS	एम. ऐमिल लेपिडियस
Senators	**सीनेटर - सांसद**
CICERO	सिसेरो
PUBLIUS	पब्लियस
POPILIUS LENA	पोपिलस लेना
Conspirators against Caesar	**सीज़र के विरुद्ध षड्यंत्र कर्ता**
MARCUS (BRUTUS)	मार्कस (ब्रूटस)
CASSIUS	कैसियस
CASCA	कास्का
TREBONIUS	ट्रेबोनियस
LIGARIUS	लीगारियस
DECIUS BRUTUS	डीसियस ब्रूटस
METELLUS CIMBER	मेटेलस सिंबर
CINNA	सिन्ना
Tribunes	**जनहित रक्षक**
FLAVIUS	फ़्लावियस
MARULLUS	मारूलस
A teacher of rhetoric	**तर्कशास्त्र अध्यापक**
ARTEMIDORUS Of Cnidos	क्निदोस का आर्तेमिडोरस
(ARTEMIDORUS:)	(आर्तेमिडोरस)

CINNA	सिन्ना
(CINNA THE POET:)	(कवि सिन्ना)
A Soothsayer	भविष्यवक्ता
(Soothsayer:)	(त्रिकालज्ञ)
Another Poet	एक अन्य कवि
(POET:)	(भाट)
Friends to Brutus & Cassius	**ब्रूटस और कैसियस के मित्र**
LUCILIUS	लूसीलियस
TITINIUS	टिटीनियस
MESSALA	मेसाला
YOUNG CATO	युवा कैटो
VOLUMNIOUS	वोलूमिनियस
Servants to Brutus	**ब्रूटस के सेवक**
VARRO	वारो
CLITUS	क्लीटस
CLAUDIUS	क्लौडियस
STRATO	स्ट्रैटो
LUCIUS	लूसियस
DARDANIUS	डार्डेनियस
Servant to Cassius	**कैसियस का सेवक**
PINDARUS	पिंडारस
Wife to Caesar	**सीज़र की पत्नी**
CALPHURNIA	कैल्पूर्णिया
Wife to Brutus	**ब्रूटस की पत्नी**
PORTIA	पोर्शिया
Senators, Citizens, Guards, Attendants....	*सांसद, नगरजन, रक्षक, चाकर*
The Scene	***दृश्य स्थल***
ROME	रोम
NEAR SARDIS	सार्डिस के निकट
NEAR PHILIPI	फिलीफी के नि कट

ACT I

Scene 1

Rome. A street.
(Enter FLAVIOUS, MARULLUS, and certain Commoners.)

FLAVIUS	Hence! Home, you idle creatures get you home: Is this a holiday? what! know you not, Being mechanical, you ought not walk Upon a labouring day without the sign Of your profession? Speak, what trade art thou?
Carpenter	Why, sir, a carpenter.
MARULLUS	Where is thy leather apron and thy rule? What dost thou with thy best apparel on? You, sir, what trade are you?
Cobbler	Truly, sir, in respect of a fine workman, I am but, as you would say, a cobbler.
MARULLUS	But what trade art thou? answer me directly.
Cobbler	A trade, sir, that, I hope, I may use with a safe conscience; which is, indeed, sir, a mender of bad soles.
MARULLUS	What trade, thou knave? thou naughty knave, what trade?
Cobbler	Nay, I beseech you, sir, be not out with me: yet, if you be out, sir, I can mend you.
MARULLUS	What meanest thou by that? mend me, thou saucy fellow!
Cobbler	Why, sir, cobble you.
FLAVIUS	Thou art a cobbler, art thou?

अंक १

दृश्य १

रोम. एक मार्ग.
(फ़्लावियस और मारूलस आते हैं. कुछ नगरजन आते हैं.)

फ़्लावियस जाओ! आज छुट्टी है क्या? कर्मकार हो
तुम. नहीं जानते तुम--अनुचित है
काम के दिन निकलना यूँ कर्म
चिह्नों से हीन?... बोल, कौन है तू?

बढ़ई बढ़ई हूँ, जी.

मारूलस कहाँ है तेरा रंदा, नपैना?
क्यों निकला हैं यों सजधज कर?... और तू?
क्या है तेरा काम?

मोची अजी, मेरा भी क्या काम! कहाँ ये गुणी कर्मकार, कहाँ मैं चर्मकार!

मारूलस सीधे मुँह बता--क्या है तेरा काम?

मोची मेरा काम, श्रीमान? बड़ा ही भला है मेरा काम--बुरे से बुरे को कर देना तले तक ठीक.

मारूलस क्या है तेरा काम? पाजी, बता क्या
है तेरा धंधा?

मोची न, न, यूँ मत फटिए, श्रीमान! ख़ैर, फट ही गए तो क्या है? ठीक कर दूँगा.

मारूलस यह हिम्मत! ठीक कर देगा, पाजी!
बदमाश!

मोची जी, फट गया तला तो मैं ही तो गाँठूँगा!

फ़्लावियस मोची है तू?

Cobbler Truly, sir, all that I live by is with the awl: I meddle with no tradesman's matters, nor women's matters, but with awl. I am, indeed, sir, a surgeon to old shoes; when they are in great danger, recover them. As proper men as ever trod upon neat's leather have gone upon my handiwork.

FLAVIUS But wherefore art not in thy shop today?
Why dost thou lead these men about the streets?

Cobbler Truly, sir, to wear out their shoes, to get myself into more work. But, indeed, sir, we make holiday, to see Caesar and to rejoice in his triumph.

MARULLUS Wherefore rejoice? What conquest brings he home?
What tributaries follow him to Rome,
To grace in captive bonds his chariot-wheels?
You blocks, you stones, you worse thansenseless things!
O you hard hearts, you cruel men of Rome,
Knew you not Pompey? Many a time and oft
Have you climb'd up to walls and battlements,
To towers and windows, yea, to chimney-tops,
Your infants in your arms, and there have sat
The livelong day, with patient expectation,
To see great Pompey pass the streets of Rome:
And when you saw his chariot but appear,
Have you not made an universal shout,
That Tiber trembled underneath her banks,
To hear the replication of your sounds
Made in her concave shores?

मोची जी, हाँ, श्रीमान. सूजा है मेरा धंधा. नहीं है मुझे किसी और के धंधे से काम. मुझे तो बस काम है सूजे से. श्रीमान, शल्यक हूँ मैं पुराने जूतों का. जब भी पड़ती है संकट में उन की जान, मैं ही आता हूँ काम. बड़े से बड़ों के चरणों की शोभा हैं जो, मेरे ही हाथों का कौशल हैं वे.

फ़्लावियस तो क्यों नहीं सी रहा जूते?
भटका रहा है लोगों को क्यों?

मोची श्रीमान, मैं निकला हूँ जूते घिसवाने? घिसेंगे जूते तो मुझे मिलेंगे दाम! सच कहूँ तो आज हम निकले हैं सीज़र का स्वागत करने, विजय का उल्लास मनाने.

मारूलस उल्लास क्यों? आनंद क्यों? किस की
विजय? किस पर विजय? कैसी विजय?
कौन सा धन जीत कर लाया है वह? है
कौन जो बंदी बना? रथ कौन उस का
खींचता? बोलो! चुप क्यों हो? पत्थर हो
तुम, पाषाण हो. तुम भावना से हीन हो.
क्या भूल गए तुम--बीते अच्छे दिन?
बच्चों को गोदी में ले कर चढ़ना
वह भवनों पर,
दीवारों पर...
भूल गए--वह रुकना पूरे पूरे दिन,
वह इंतज़ार...
कब आएगा अपना प्रिय नायक
पोंपेई? कब शोभित होगा उस से
यह रोम नगर का राजमार्ग?
देखा जो उस का विजय यान--
वह आकाश उठा लेना सिर पर.
क्या भूल गए वह गुंजन, अनुगुंजन
उन नारों का जिन से थर थर कंपित
कर देते थे तुम गहरी टाइबर
का शांत सलिल. अब तुम फिर से सज धज

And do you now put on your best attire?
And do you now cull out a holiday?
And do you now strew flowers in his way
That comes in triumph over Pompey's
blood?
Be gone!
Run to your houses, fall upon your knees,
Pray to the gods to intermit the plague
That needs must light on this ingratitude.

FLAVIUS Go, go, good countrymen, and, for this fault,
Assemble all the poor men of your sort;
Draw them to Tiber banks, and weep your
tears
Into the channel, till the lowest stream
Do kiss the most exalted shores of all.

(Exeunt all the Commoners.)

See whether their basest metal be not loved;
They vanish tongue-tied in their guiltiness.
Go you down that way towards the Capitol;
This way will I. Disrobe the images,
If you do find them deck'd with ceremonies.

MARULLUS May we do so?
You know it is the feast of Lupercal.

FLAVIUS It is no matter; let no images
Be hung with Caesar's trophies. I'll about,
And drive away the vulgar from the streets:
So do you too, where you perceive them
thick.
These growing feathers pluck'd from
Caesar's wing
Will make him fly an ordinary pitch,
Who else would soar above the view of men

(Exeunt.)

कर निकले हो? इस सीज़र का स्वागत
करते हो! कर डाले सारे काम बंद.
पुष्पों से भर डाला राजमार्ग...
जाओ. घर जाओ. देवों से माँगो
क्षमा दान. बरसेगा तुम पर कोप प्रबल.
होगा धरती पर वज्रपात.

फ़्लावियस जाओ, जाओ. भाई, जाओ. एकत्र करो
सब कामगार. टाइबर तट पर सब के सब
रोओ मिल कर. रोओ इतना... इतना
रोओ... आँसू से ऊपर तक चढ़
आए जल की धारा...

(सब नगरजन जाते हैं.)

देखा तुम ने?
कैसे सब चले गए. हैं सब के सब कितने
लज्जित! हैं कैसे पश्चात्ताप भरे.
तुम इधर दुर्ग की ओर चलो. इस
ओर चला जाता हूँ मैं. छीनें
प्रतिमाओं से हम विजय चीर.

मारूलस यह सब करना ठीक रहेगा क्या? है आज
नगर में लूपरकल. है आज बसंत
आगमन का उत्सव.

फ़्लावियस उत्सव है तो
होने दो. बस, यह देखो सीज़र का
स्वागत चिह्न न कोई बच पाए.
लोगों से ख़ाली कर दूँगा मैं सब
सड़कें. भीड़ जहाँ भी तुम देखो--
दो भाषण. नोंचो सीज़र के पंख.
हम भी देखें. कैसे--वह उड़ता है
ऊपर नभ में! कैसे करता है हम
को वह पराधीन.

(जाते हैं.)

SCENE II

The same. A public place.

(Flourish. Enter CAESAR, ANTONY, for the course; CALPHURNIA, PORTIA, DECIUS, CICERO, BRUTUS, CASSIUS, and CASCA; a great crowd following, among them a Soothsayer.)

CAESAR Calphurnia!

CASCA Peace, ho! Caesar speaks.

CAESAR Calphurnia!

CALPHURNIA Here, my lord.

CAESAR Stand you directly in Antonius' way,
When he doth run his course. Antonius!

ANTONY Caesar, my lord?

CAESAR Forget not, in your speed, Antonius,
To touch Calphurnia; for our elders say,
The barren, touched in this holy chase,
Shake off their sterile curse.

ANTONY I shall remember:
When Caesar says 'do this,' it is perform'd.

CAESAR Set on; and leave no ceremony out.

(Flourish.)

Soothsayer Caesar!

CAESAR Ha! who calls?

CASCA Bid every noise be still: peace yet again!

CAESAR Who is it in the press that calls on me?
I hear a tongue, shriller than all the music,
Cry 'Caesar!' Speak; Caesar is turn'd to hear.

Soothsayer Beware the ides of March.

दृश्य २

नगर मार्ग.

(तूर्यनाद. सीज़र आता है. साथ में हैं दौड़ के लिए तैयार एंटनी. कैल्पूर्निया, पोर्शिया. डीसियस, सिसैरो, ब्रूटस, कैसियस, कास्का. इन के पीछे आ रही है भीड़. भीड़ में त्रिकालज्ञ.)

सीज़र कैल्पूर्निया!

कास्का शांत! बोल रहा है सीज़र.

सीज़र कैल्पूर्निया!

कैल्पूर्निया जी, स्वामी?

सीज़र बीच रास्ते में खड़ी हो जाएँ आप,
जब दौड़े एंटोनियस... एंटोनियस!

एंटनी सीज़र!

सीज़र लूपरकल दौड़ की भागमभाग में भूल
मत जाना तुम कैल्पूर्निया को
छूना! पुरखों की परंपरा है--
इस पावन दौड़ में बाँझ को छू दो, तो
दूर हो जाता है उस का अभिशाप.

एंटनी कैसे भूलूँगा! सीज़र का आदेश है--
अटल है.

सीज़र चलो, करो आरंभ.
छूट न जाए कोई प्रथा पुरानी.

(वाद्यनाद.)

त्रिकालज्ञ सी ऽ ज़ ऽ र ऽ...

सीज़र कौन है? किस ने पुकारा?

कास्का शोर बंद करो. शांत! सब शांत!

सीज़र भीड़ में यह किस ने पुकारा?
वाद्यनाद के ऊपर यह पुकार किस की
थी? किस ने कहाः सीज़र. कौन है? बोल,
सुन रहा है सीज़र.

त्रिकालज्ञ मार्च के मध्य से सावधान!

CAESAR What man is that?

BRUTUS A soothsayer bids you beware the ides of March.

CAESAR Set him before me; let me see his face.

CASSIUS Fellow, come from the throng; look upon Caesar.

CAESAR What say'st thou to me now? speak once again.

Soothsayer Beware the ides of March.

CAESAR He is a dreamer; let us leave him. Pass.

(Sennet. Exeunt: Manent BRUTUS and CASSIUS.)

CASSIUS Will you go see the order of the course?

BRUTUS Not I.

CASSIUS I pray you, do.

BRUTUS I am not gamesome: I do lack some part
Of that quick spirit that is in Antony.
Let me not hinder, Cassius, your desires;
I'll leave you.

CASSIUS Brutus, I do observe you now of late:
I have not from your eyes that gentleness
And show of love as I was wont to have:
You bear too stubborn and too strange a hand
Over your friend that loves you.

BRUTUS Cassius,
Be not deceived: if I have veil'd my look,
I turn the trouble of my countenance

सीज़र कौन है यह?
ब्रूटस त्रिकालज्ञ है, ज्योतिषी है. कह
रहा है, सावधान, मार्च के मध्य
से सावधान.
सीज़र सामने तो लाओ इसे.
सूरत तो देखें इस की.
कैसियस भगवान के
बंदे, भीड़ से निकल. सीज़र को देख.
सीज़र बोल, क्या कहता था? फिर से कह एक बार.
त्रिकालज्ञ सावधान! मार्च के मध्य से सावधान!
सीज़र हूँ. कल्पना लोक में विचरने वाला
बेचारा... चलो...

(तूर्यनाद. सब चले जाते हैं. मंच पर रह जाते हैं ब्रूटस और कैसियस.)

कैसियस देखने चलेंगे आप दौड़ का समारोह?
ब्रूटस नहीं.
कैसियस चलिए तो सही.
ब्रूटस आते
नहीं रास मुझे उत्सव समारोह.
वह उत्साह, वह जीवन, जो एंटनी में
है, मुझ में नहीं है. आप चलिए,
रुकिए मत मेरे लिए... अच्छा,
चलूँ?
कैसियस मित्र ब्रूटस, क्या बात है? वह स्नेह,
अपनापन, स्वागत आप के नयनों में
अब मुझे नहीं मिलता, मिलता था
मुझे जो पहले कभी. मित्र हूँ
मैं. आप का हितैषी हूँ. क्यों कठोर
हैं आजकल आप इतने?
ब्रूटस बुरा मत
मानो, मित्र कैसियस, अन्यथा न लो
मुझे. एक धुँधलका सा छाया है
मेरी आँखों पर. मन पर छाया है

Merely upon myself. Vexed I am
Of late with passions of some difference,
Conceptions only proper to myself,
Which give some soil perhaps to my
behaviors;
But let not therefore my good friends be
grieved
(Among which number, Cassius, be you
one.)
Nor construe any further my neglect,
Than that poor Brutus, with himself at war,
Forgets the shows of love to other men.

CASSIUS Then, Brutus, I have much mistook your
passion;
By means whereof this breast of mine hath
buried
Thoughts of great value, worthy cogitations.
Tell me, good Brutus, can you see your face?

BRUTUS No, Cassius; for the eye sees not itself,
But by reflection, by some other things.

CASSIUS 'Tis just:
And it is very much lamented, Brutus,
That you have no such mirrors as will turn
Your hidden worthiness into your eye,
That you might see your shadow. I have
heard,
Where many of the best respect in Rome,
Except immortal Caesar, speaking of Brutus
And groaning underneath this age's yoke,

गहन विषाद. वही छिपाता हूँ
मैं दुनिया से. कुछ अन्य कारण है जो
परेशान हूँ मैं. मेरे मन में हैं
अनेकों तूफ़ान, भारी बवंडर.
वे मुझ तक ही सीमित रहें--यही
ठीक है. मानता हूँ... मेरा ही व्यवहार
कारण है मित्रों से मेरी दूरी
का. मित्र, बुरा मत मानो, यही
समझो... बेचारा ब्रूटस अपने
से लड़ रहा है. परेशान है,
भूल गया है प्रेम का व्यवहार.

कैसियस महानुभाव ब्रूटस, खेद है मैं आप
को ग़लत समझा. आप से छिपाए
रहा वे तूफ़ान जो मचलते हैं
मेरे मन में... अनेक महान उच्च
विचार, सामाजिक मनोमंथन.
ब्रूटस, भले आदमी, बताओ तो--
देख सकते हो क्या तुम अपना चेहरा?

ब्रूटस नहीं तो, कैसियस. भला आँख कब
देख पाती है ख़ुद को. हम देख सकते
हैं दर्पण में केवल अपनी छाया.

कैसियस ठीक कहते हो, मित्र. खेद तो यही
है, ब्रूटस, तुम्हारे पास नहीं
है कोई ऐसा दर्पण जो तुम्हें
दिखा दे वह रूप, जो रोमन गणों के
मन में तुम्हारा, बस, तुम्हारा है.
सुनी है मैं ने अपने कानों से
से प्रशंसा, सुना है तुम्हारा वह
गुणगान, जो करते हैं रोम राज्य के
परम आदरणीय जन महान. नहीं
है इन में बस एक--सीज़र, हाँ, सीज़र
महान. ये हैं सभी जाने माने
लोग झेल रहे हैं जो इस युग

Have wish'd that noble Brutus had his eyes.

BRUTUS Into what dangers would you lead me, Cassius,
That you would have me seek into myself
For that which is not in me?

CASSIUS Therefore, good Brutus, be prepar'd to hear:
And since you know you cannot see yourself
So well as by reflection, I, your glass,
Will modestly discover to yourself
That of yourself which you yet know not of.
And be not jealous on me, gentle Brutus:
Were I a common laugher, or did use
To stale with ordinary oaths my love
To every new protester; if you know
That I do fawn on men and hug them hard
And after scandal them, or if you know
That I profess myself in banqueting
To all the rout, then hold me dangerous.

(Flourish, and shout.)

BRUTUS What means this shouting? I do fear, the people
Choose Caesar for their king.

CASSIUS Ay, do you fear it?
Then must I think you would not have it so.

BRUTUS I would not, Cassius; yet I love him well.
But wherefore do you hold me here so long?
What is it that you would impart to me?
If it be aught toward the general good,

का बोझिल जुआ. सभी सोचते हैं--काश
होतीं भोले ब्रूटस को आँखें.

ब्रूटस किन भयानक अँधेरों में धकेल
रहे हो मुझे? क्यों चाहते
हो मैं देखूँ अपने में वह जो मुझ
में नहीं है.

कैसियस भले ब्रूटस, सुनो.
तत्पर हो कर सुनो. तुम मानते हो
तुम अपने आप को नहीं देख सकते.
बनूँगा मैं तुम्हारा दर्पण. मैं
दिखाऊँगा तुम्हें जो तुम हो, वह
जो तुम नहीं जानते कि तुम में है.
भले मानस, मार्क ब्रूटस, झिझको
मत. कोई भांड या विदूषक नहीं
हूँ मैं. मित्रता की शपथें उठाता
नहीं फिरता हूँ मैं. देखा है तुम
ने कभी मुझे चापलूसी करते?
झूठे गुण बखानते? पीठ फिरते ही
फिर किसी की बखिया उधेड़ते?
पानगोष्ठी में तुम ने कभी मुझे
देखा हो मदमस्त, शान बघारते, तो
समझना भयानक मुझे.

(वाद्यनाद और शोर.)

ब्रूटस जयकार!
क्यों? किस कारण? भय है मुझ को--
रोमन गण सम्राट बना ना डालें उस को!

कैसियस भय है? नहीं चाहते तुम यह होना?

ब्रूटस नहीं, कैसियस, नहीं! नहीं!
लेकिन उसे चाहता हूँ मैं कितना!
क्यों रोक रखा है मुझ को तुम ने?
बोलो, क्या कहना है मुझ से तुम को?
है कोई बात अगर जनहित की, तो

Set honour in one eye and death i' the other,
And I will look on both indifferently,
For let the gods so speed me as I love
The name of honour more than I fear death.

CASSIUS I know that virtue to be in you, Brutus,
As well as I do know your outward favour.
Well, honour is the subject of my story.
I cannot tell what you and other men
Think of this life; but, for my single self,
I had as lief not be as live to be
In awe of such a thing as I myself.
I was born free as Caesar; so were you:
We both have fed as well, and we can both
Endure the winter's cold as well as he:
For once, upon a raw and gusty day,
The troubled Tiber chafing with her shores,
Caesar said to me 'Darest thou, Cassius, now
Leap in with me into this angry flood,
And swim to yonder point?' Upon the word,
Accoutred as I was, I plunged in
And bade him follow; so indeed he did.
The torrent roar'd, and we did buffet it
With lusty sinews, throwing it aside
And stemming it with hearts of controversy;
But ere we could arrive the point proposed,
Caesar cried 'Help me, Cassius, or I sink!'

एक हथेली पर है आन, मान, सम्मान...
और दूसरी पर धर दो तुम मेरे प्राण.
दोनों को तौलूँगा मैं--एक समान.
गणदेव सभी साक्षी हैं मेरे. है
प्यारी मुझ को आन, कुछ मोह नहीं
जीवन का.

कैसियस हाँ, सभी जानते हैं यह
बान तुम्हारी... सम्मान, मात्र सम्मान,
कथन है मेरा. नहीं जानता क्या
है जीवन का मर्म तुम्हारे, जन के,
मन में. अपनी बात कहूँ तो मैं
बस यही कहूँगा--अपने जैसे से
दब कर रहने से बहतर है मरना.
मैं भी, तूम भी, हम सब, सीज़र जैसे
स्वतंत्र जन्मे थे. इस धरती ने
हम को भी पाला है. इसी नदी
ने हमें पिलाया पानी. हम भी
सहते हैं उस के जैसी शीत हिमानी.
सुनो... एक दिन शीत पवन चलता था.
हरहरा रही थी टाइबर नद
की धारा. सीज़र ने तौला मेरी
आँखों को. बोलाः 'है हिम्मत, तो चल
कूदें इस उन्मत्त सलिल में. देखें--
कौन पहुँचता है पहले उस तट पर.'
कूद पड़ा था मैं जो भी पहने था,
और कहा सीज़र सेः 'हिम्मत है, तो
आ!' कूद पड़ा था वह भी... लहरें ही
लहरें लरज रहीं थीं. हम ने उन्हें
थपेड़ा. बहसाबहसी में हम ने
उन्हें धकेला...
लेकिन तट था दूर. सीज़र ने हिम्मत
हारी. वह चिल्लाया, 'बचा मुझे.
मैं डूबा!' पुरा काल में ट्राय दुर्ग

I, as Aeneas, our great ancestor,
Did from the flames of Troy upon his shoulder
The old Anchises bear, so from the waves of Tiber
Did I the tired Caesar. And this man
Is now become a god, and Cassius is
A wretched creature and must bend his body,
If Caesar carelessly but nod on him.
He had a fever when he was in Spain,
And when the fit was on him, I did mark
How he did shake: 'tis true, this god did shake;
His coward lips did from their colour fly,
And that same eye whose bend doth awe the world
Did lose his lustre: I did hear him groan:
Ay, and that tongue of his that bade the Romans
Mark him and write his speeches in their books,
Alas, it cried 'Give me some drink, Titinius,'
As a sick girl. Ye gods, it doth amaze me
A man of such a feeble temper should
So get the start of the majestic world
And bear the palm alone.

(Shout. Flourish.)

BRUTUS Another general shout!
I do believe that these applauses are
For some new honours that are heap'd on Caesar.

CASSIUS Why, man, he doth bestride the narrow world
Like a Colossus, and we petty men
Walk under his huge legs and peep about
To find ourselves dishonourable graves.
Men at some time are masters of their fates:
The fault, dear Brutus, is not in our stars,

धू धू कर के जलता था. उस ज्वाला
में बूढ़े एंकसीज़ की जर्जर काया
को था इनीयास ने अपने काँधों
पर धारा. वैसे ही उन तूफ़ानी
ऊँची लहरों में सीज़र की थकी
देह को इन काँधों ने ढोया. वही
आज महामानव है. और कैसियस?
हूँ! नाली का कीड़ा! सीज़र का मूँड
हिले, कैसियस को शीश नवाना
होगा. एक बार, स्पेन देश में सीज़र
को ज्वर ने घेरा. जूड़ी चढ़ती थी,
काँप काँप उठता था शिख से नख तक
यह देवा. ज्वरकातर अधरों पर रंग
नहीं था. यही नेत्र, अब जिन से
धरती कंपित होती है, उस दिन
इन में चमक नहीं थी. इन कानों ने
उस का रुदन सुना है. उस की यह
वाणी ओजस्वी, जिस के तेजस्वी
स्वर सब सुनते हैं, जिस का एक एक शब्द
पुस्तक में लिखते हैं, उस दिन यह
नारी जैसी रोई, रिरियाई,
'हाय, टिटीनियस, दो बूँद पिला दे पानी.'
देव! अधिदेव! यही वह कायर! आज
धरा के सकल पदारथ भोग रहा है...

(हर्षनाद. तूर्यनाद. हर्षनाद.)

ब्रूटस फिर वही शोर! फिर वही नाद!
निश्चय ही सीज़र पर लाद रहे
हैं और नए सम्मान नगर जन.

कैसियस भव्य वीरता की विशाल प्रतिमा
बन सीज़र आज धरा को रौंद रहा
है. उस के विकराल डगों के नीचे
हम रोमन जन चूहों जैसे दुबक

But in ourselves, that we are underlings.
Brutus and Caesar: what should be in that 'Caesar"?
Why should that name be sounded more than yours?
Write them together, yours is as fair a name;
Sound them, it doth become the mouth as well;
Weigh them, it is as heavy; conjure with 'em,
'Brutus' will start a spirit as soon as 'Caesar'.
Now, in the names of all the gods at once,
Upon what meat doth this our Caesar feed,
That he is grown so great? Age, thou art shamed!
Rome, thou hast lost the breed of noble bloods!
When went there by an age, since the great flood,
But it was famed with more than with one man?
When could they say till now, that talk'd of Rome,
That her wide walls encompass'd but one man?
Now is it Rome indeed and room enough,
When there is in it but one only man.
O, you and I have heard our fathers say,
There was a Brutus once that would have brook'd
The eternal devil to keep his state in Rome
As easily as a king.

BRUTUS That you do love me, I am nothing jealous;
What you would work me to, I have some aim:
How I have thought of this and of these times,

रहे हैं, काँप रहे हैं... मानव ही
होते हैं अपने भाग्य विधाता. यह
पतन हमारा--भाग्य नहीं लाया,
हम लाए हैं. देखो--'सीज़र'... 'ब्रूटस'...
'सीज़र' में क्या लाल लगे हैं? क्यों यह
'सीज़र' यूँ बार बार बोला
जाता है? दोनों को लिखो. 'ब्रूटस'
भी वैसा ही सजता है. दोनों का
जयकार करो. 'जय जय सीज़र!' 'जय जय
ब्रूटस!' दोनों उतने ही प्रेरक हैं.
आख़िर सीज़र किस चक्की का खाता
है? क्यों वह महान बनता जाता है?
आज का युग अंधा है. रोम देश में
नरवीरों का काल पड़ा है.
महाप्रलय से अब तक क्या कोई
युग ऐसा आया है--जिस में केवल
एक नाम से रोम नगर जाना जाता
था. क्या यह वही रोम है जिस के चौड़े
प्रांगण में नरवीरों के दल सीना
चौड़ा कर चलते आए हैं? लेकिन
इस अंधे युग में इस में केवल एक
रहेगा! कभी सुना था ऐसा?...
हाँ, सुना है पुरखों से आप ने भी,
मैं ने भी--कभी हुआ करता था एक
और ब्रूटस. शैतान से टकरा सकता
था वह रोम में मनवाने को राजा
के समान अपना सम्मान.

ब्रूटस तुम मुझे चाहते हो--मानता हूँ. तुम
मुझ से क्या चाहते हो--कुछ जानता हूँ.
मैं ने बहुत गुना है, सोचा है,
विचारा है. युग की विषमता ने
मथा है मेरा भी मन. वह सब मैं

I shall recount hereafter; for this present,
I would not, so with love I might entreat you,
Be any further moved. What you have said
I will consider; what you have to say
I will with patience hear, and find a time
Both meet to hear and answer such high things.
Till then, my noble friend, chew upon this:
Brutus had rather be a villager
Than to repute himself a son of Rome
Under these hard conditions as this time
Is like to lay upon us.

CASSIUS I am glad
That my weak words have struck but thus much show
Of fire from Brutus.

BRUTUS The games are done and Caesar is returning.

CASSIUS As they pass by, pluck Casca by the sleeve;
And he will, after his sour fashion, tell you
What hath proceeded worthy note to-day.

(Re-enter CAESAR and his Train.)

BRUTUS I will do so. But, look you, Cassius,
The angry spot doth glow on Caesar's brow,
And all the rest look like a chidden train:
Calphurnia's cheek is pale; and Cicero
Looks with such ferret and such fiery eyes
As we have seen him in the Capitol,
Being cross'd in conference by some senators.

CASSIUS Casca will tell us what the matter is.

बताऊँगा फिर कभी. बस, यही
विनती है--मुझे और मत उकसाओ.
तुम ने जो कहा, उस पर सोचूँगा
मैं. जो कुछ तुम्हें और कहना है--वह
भी सुनूँगा मैं. कभी कुछ समय
निकालेंगे, मिलेंगे, बैठेंगे
हम. बड़ी बड़ी बातें करेंगे,
सोचेंगे हम. तब तक, कैसियस,
बस इतना याद रखना--ब्रूटस को
स्वीकार है रह जाना अधिकारहीन
गँवार, लेकिन होने वाली है रोम
में जो हालत, नहीं है उस में
स्वीकार ब्रूटस को कहलाना रोम का
पूत.

कैसियस ख़ुश हूँ, मेरे क्षीण से शब्दों से,
मित्र ब्रूटस, आप के मन में छिपी थी
जो ज्वाला उस की झलक तो उभरी.

(सीज़र और साथी आ रहे हैं.)

ब्रूटस उत्सव संपूर्ण हुआ. अब लौट
रहे हैं सीज़र के साथ सब लोग...

कैसियस यहाँ
से वे गुज़रें, तो आप थाम लें कास्का
की बाँह. सब सुना देगा वह तत्काल
लंठ शैली में आँखों देखा हाल.

ब्रूटस पर, कैसियस, देखो तो... सीज़र
के मस्तक पर कोप की छाया है. शेष
जन भी सहमे सहमे हैं. क्लांत है
कैल्पूर्निया का कपोल. देखो,
आचार्य सिसैरो ऊदबिलाव से
चिंतित हैं--जैसे संसद में किसी
ने काट दिया हो उन का तर्क.

कैसियस सब कुछ बता डालेगा कास्का.

CAESAR Antonius!

ANTONY Caesar?

CAESAR Let me have men about me that are fat;
Sleek-headed men and such as sleep o' nights:
Yond Cassius has a lean and hungry look;
He thinks too much: such men are dangerous.

ANTONY Fear him not, Caesar; he's not dangerous;
He is a noble Roman and well given.

CAESAR Would he were fatter! But I fear him not:
Yet if my name were liable to fear,
I do not know the man I should avoid
So soon as that spare Cassius. He reads much;
He is a great observer and he looks
Quite through the deeds of men: he loves no plays,
As thou dost, Antony; he hears no music;
Seldom he smiles, and smiles in such a sort
As if he mock'd himself and scorn'd his spirit
That could be moved to smile at any thing.Such men as he be never at heart's ease
Whiles they behold a greater than themselves,
And therefore are they very dangerous.
I rather tell thee what is to be fear'd
Than what I fear; for always I am Caesar.
Come on my right hand, for this ear is deaf,
And tell me truly what thou think'st of him.

(Sennet. Exeunt CAESAR and all his Train, but CASCA.)

सीज़र एंटनी!

एंटनी सीज़र?

सीज़र मेरे पास रहें मोटे ताज़े लोग,
चिकने चुपड़े, बाल काढ़ने वाले लोग,
रात भर भरनींद सोने वाले सुखी
लोग. वह जो कैसियस है--सींक सा पतला.
आँखें बेचैन हैं, भूखी हैं. सोचता
रहता है हर दम. भयानक होते
हैं ऐसे लोग.

एंटनी डरो मत. निरापद
है वह. कुलीन रोमन है, भला है.

सीज़र काश, वह मोटा होता. डरता नहीं
मैं उस से. पर कभी सामना हुआ
भय से, तो, जानते हो? सब से ज़्यादा
दूर रहूँगा मैं सींकिया कैसियस
से. बहुत पढ़ता है. निगाह पैनी
है. कर्म का मर्म भाँप लेता है.
उल्लास उत्सव उसे नहीं भाते.
तुझ से उलटा है वह. संगीत नहीं
सुनता. हँसता नहीं. कभी कभार
मुस्कराता है, तो ऐसे--मानो
धिक्कार रहा हो अपने को--क्यों
मुस्करा बैठा. ऐसे लोग अपनों
से बड़ों के सामने सहज नहीं
होते कभी. इसी लिए होते
हैं ये भयानक. भयानक लोगों
के लक्षण गिनाए हैं मैं ने. मैं?
मैं सदा सीज़र हूँ. आ, इधर दाहिने...
इस कान से कम सुनता हूँ मैं...
बता कैसियस के बारे में और क्या
सोचता है तू.

(तूर्यनाद. सीज़र और साथी चले जाते हैं. कास्का रुक जाता है.)

CASCA	You pull'd me by the cloak; would you speak with me?
BRUTUS	Ay, Casca; tell us what hath chanced to-day, That Caesar looks so sad.
CASCA	Why, you were with him, were you not?
BRUTUS	I should not then ask Casca what had chanced.
CASCA	Why, there was a crown offered him: and being offered him, he put it by with the back of his hand, thus; and then the people fell a-shouting.
BRUTUS	What was the second noise for?
CASCA	Why, for that too.
CASSIUS	They shouted thrice: what was the last cry for?
CASCA	Why, for that too.
BRUTUS	Was the crown offered him thrice?
CASCA	Ay, marry, was't, and he put it by thrice, every time gentler than other, and at every putting-by mine honest neighbours shouted.
CASSIUS	Who offered him the crown?
CASCA	Why, Antony.
BRUTUS	Tell us the manner of it, gentle Casca.
CASCA	I can as well be hanged as tell the manner of it; it was mere foolery; I did not mark it. I saw Mark Antony offer him a crown;--yet 'twas not a crown neither, 'twas one of these coronets;--and, as I told you, he put it by once: but, for all that, to my thinking, he would fain have had it. Then he offered it to him again; then he put it by again: but, to my thinking, he was very loath to lay is fingers off it. And then he offered it the third time;

कास्का तुम ने खींचा दामन मेरा? कुछ कहना है क्या?

ब्रूटस अजी, कास्का, क्या हो गया? उदास
क्यों है सीज़र?

कास्का तुम तो थे वहाँ? तुम नहीं जानते क्या हुआ?

ब्रूटस फिर भला मैं आप से पूछता?

कास्का अच्छा तो सुनो, जी. सीज़र को दिया गया था मुकुट. उस ने हाथ से हटा दिया--यूँ! बस, लोग थे कि हो गए ख़ुशी से पागल, लगे चीखने चिल्लाने, ताली बजाने.

ब्रूटस दूसरी बार क्यों हुआ था हर्षनाद?

कास्का इसी लिए.

कैसियस तीन बार हुआ था हर्षनाद, कास्का.
तीसरी बार क्यों हुआ?

कास्का इसी लिए.

ब्रूटस तो तीन बार दिया गया था मुकुट?

कास्का हाँ, जी, पूरे तीन बार. तीनों बार हटा दिया सीज़र ने. पहली बार बड़े जोश से, दूसरी बार धीरे से. और तीसरी बार? और भी धीरे से. जैसे जैसे सीज़र मुकुट हटाता, लोग हो जाते ख़ुशी से पागल.

कैसियस मुकुट दिया किस ने था?

कास्का और कौन देता, जी? एंटनी ने दिया था मुकुट.

ब्रूटस भले मानस, कास्का, बताओ तो
क्या हुआ? कैसे हुआ?

कास्का भला, जी, कोई बताए इन्हें यह सब कैसे हुआ? बस, खिलवाड़ सी थी. मेरा तो ध्यान भी नहीं था पूरा. अचानक क्या देखता हूँ, जी, एंटनी मुकुट बढ़ा रहा है सीज़र की तरफ़. कोई सचमुच का मुकुट नहीं था. फूलों का मुकुट था, जी... हाँ, तो बढ़ाया एंटनी ने मुकुट. हटा दिया सीज़र ने. मुझ को तो लगा मन भावे मूँड हिलावे. लो, जी, थोड़ी देर बाद फिर बढ़ाया एंटनी ने मुकुट. मुझ को लगा--मुकुट हटाना नहीं चाहता सीज़र. फिर, तीसरी बार बढ़ा, जी,

he put it the third time by: and still as he refused it, the rabblement hooted and clapped their chapped hands and threw up their sweaty nightcaps and uttered such a deal of stinking breath because Caesar refused the crown that it had almost choked Caesar; for he swounded and fell down at it: and for mine own part, I durst not laugh, for fear of opening my lips and receiving the bad air.

CASSIUS But, soft, I pray you: what, did Caesar swound?

CASCA He fell down in the market-place, and foamed at
mouth, and was speechless.

BRUTUS 'Tis very like: he hath the failing sickness.

CASSIUS No, Caesar hath it not; but you and I,
And honest Casca, we have the falling sickness.

CASCA I know not what you mean by that; but, I am sure, Caesar fell down. If the tag-rag people did not clap him and hiss him, according as he pleased and displeased them, as they use to do the players in the theatre, I am no true man.

BRUTUS What said he when he came unto himself?

CASCA Marry, before he fell down, when he perceived the common herd was glad he refused the crown, he plucked me ope his doublet and offered them his throat to cut. An I had been a man of any occupation, if I would not have taken him at a

मुकुट. अब के भी सीज़र ने हटा दिया. बस, जी, जनता ठहरी जनार्दन. हो गई मगन. नादान बजाने लगी ताली, उछालने लगी टोप, करने लगी शोर. पूछो मत--ऐसा शोर उठा, ऐसी गंदी हवा बही--बेचारा सीज़र. गला रुँध गया बेचारे का... ग़श खा के गिर पड़ा. मेरी मत पूछो... मैं तो मुँह खोल के हँस भी नहीं सका. मुँह खोलता तो गंदी हवा ना घुस जाती भीतर.

कैसियस आराम से... सचमुच बेहोश हो गया सीज़र?

कास्का अजी, हाँ, वहीं गिर पड़ा चौक में. झाग निकलने लगे मुँह से. बोलती बंद हो गई.

ब्रूटस हाँ, हाँ. गिरने का रोग है सीज़र को.

कैसियस गिरने का रोग सीज़र को नहीं है.
गिरने का रोग है आप को, मुझे और
भले कास्का को.

कास्का पता नहीं, क्या कहते हो, जी. मैं सच कहता हूँ... ग़श खा के गिर पड़ा था सीज़र... और कचरापट्टी लोग बजाने लगे ताली, दे ताली. और मचाने लगे शोर, हो हुल्लड़... जैसा खेल तमाशे में करते हैं नचनियों के नाच पे ख़ुश हो कर... सच कहता हूँ...

ब्रूटस होश आने पर क्या बोला सीज़र?

कास्का अजी, पहले तो इस से भी पहले की सुनो. सीज़र ने हटा दिया मुकुट, तो जनता ख़ुश. जनता ख़ुश, तो सीज़र परेशान. मैं खड़ा था सीज़र के बिल्कुल पास. मेरे सहारे टिक के खड़ा हो गया सीज़र. दम घुट रहा था उस का. मुझ से खुलवा दिया उस ने अपना गरेबान. गरेबान खोला मैं ने, तो क्या बोला सीज़र? सीज़र बोला जनता सेः 'आप के सामने खड़ा हूँ. काट डालो मेरा गला.' सच कहता हू मैं---अगर मैं होता जनता और कहा न मानता सीज़र का, तो

word, I would I might go to hell among the rogues. And so he fell. When he came to himself again, he said, If he had done or said any thing amiss, he desired their worships to think it was his infirmity. Three or four wenches, where I stood, cried 'Alas, good soul!' and forgave him with all their hearts: but there's no heed to be taken of them; if Caesar had stabbed their mothers, they would have done no less.

BRUTUS And after that, he came, thus sad, away?

CASCA Ay.

CASSIUS Did Cicero say any thing?

CASCA Ay, he spoke Greek.

CASSIUS To what effect?

CASCA Nay, an I tell you that, Ill ne'er look you i' the face again: but those that understood him smiled at one another and shook their heads; but, for mine own part, it was Greek to me. I could tell you more news too: Marullus and Flavius, for pulling scarfs off Caesar's images, are put to silence. Fare you well. There was more foolery yet, if I could remember it.

CASSIUS Will you sup with me to-night, Casca?

CASCA No, I am promised forth.

CASSIUS Will you dine with me to-morrow?

CASCA Ay, if I be alive and your mind hold and your dinner worth the eating.

CASSIUS Good: I will expect you.

CASCA Do so. Farewell, both.

(Exit.)

BRUTUS What a blunt fellow is this grown to be!
He was quick mettle when he went to
school.

नरक न जाना पड़ता मुझे? पर तभी ग़श खा के गिर पड़ा सीज़र. होश आया तो कहने लगाः 'कोई भूल चूक हो गई हो मुझ से, कोई कहनी अनकहनी कह दी हो मैं ने, तो क्षमा कर देना कमज़ोरी समझ के.' मेरे पास खड़ी थीं तीन चार छोरियाँ. आँखें छलक आईं उन की. कहने लगीं: 'बेचारा भला मानस!' क्षमा कर दिया, जी, उन्हों ने उसे. मैं कहूँ--वह उन की अम्माओं को छुरा घोंप देता, तो भी क्षमा कर देतीं वे उसे.

ब्रूटस और उस के बाद उदास सीज़र इधर
चला आया?

कास्का हाँ, जी.

कैसियस आचार्य सिसैरो ने क्या कहा?

कास्का यूनानी में कहा था कुछ.

कैसियस लेकिन कहा क्या था?

कास्का मैं क्या जानूँ यूनानी बोली. हाँ, जो समझे, हँस पड़े थे वे... हाँ, जी, और सुनो! नया, बिल्कुल नया, समाचार. मारूलस और फ़्लावियस की कर दी गई है बोलती बंद... उन का अपराध? अरे, आप नहीं जानते? सीज़र की मूरत पर से चीर जो उतारे थे उन्हों ने. अच्छा जी, बंदा तो चला. तमाशे तो बहुत हुए पर याद नहीं आ रहे.

कैसियस आज शाम भोजन पर आ जाओ घर.

कास्का आज शाम? आज का न्योता है कहीं और से.

कैशियस तो कल शाम?

कास्का हाँ, कल की शाम आई तो. लेकिन देखो न्योत कर भूल मत जाना और भोजन बढ़िया बनवाना.

कैसियस ठीक है, प्रतीक्षा करूँगा तुम्हारी.

कास्का ठीक है, जीं. आप दोनों को बंदे का नमस्कार.

(जाता है.)

ब्रूटस कैसा लंठ गँवार हो गया है!
पाठशाला में यह कैसा तेज
तर्रार हुआ करता था.

CASSIUS So is he now in execution
Of any bold or noble enterprise,
However he puts on this tardy form.
This rudeness is a sauce to his good wit,
Which gives men stomach to digest his words
With better appetite.

BRUTUS And so it is. For this time I will leave you:
To-morrow, if you please to speak with me,
I will come home to you; or, if you will,
Come home to me, and I will wait for you.

CASSIUS I will do so: till then, think of the world.

(Exit BRUTUS.)

Well, Brutus, thou art noble; yet, I see,
Thy honourable metal may be wrought
From that it is disposed: therefore it is meet
That noble minds keep ever with their likes;
For who so firm that cannot be seduced?
Caesar doth bear me hard; but he loves Brutus:
If I were Brutus now and he were Cassius,
He should not humour me. I will this night,
In several hands, in at his windows throw,
As if they came from several citizens,
Writings all tending to the great opinion
That Rome holds of his name; wherein obscurely
Caesar's ambition shall be glanced at:
And after this let Caesar seat him sure;
For we will shake him, or worse days endure.

(Exit.)

कैसियस जनहित में
अभी तक तेज है वह. यह तीख़ा
मिर्च मसाला, यह चटखारा, यह सब
ऊपरी अदा है. लोग शौक से सुनते
हैं, पचा लेते हैं.

ब्रूटस यह तो है. तो
अब मैं चलता हूँ. मिलेंगे कल फिर.
कहो तो तुम्हारे घर आ जाऊँ?
या तुम्हीं आ जाना मेरे पास. मैं
प्रतीक्षा करूँगा.

कैसियस आऊँगा मैं.
सोचो तब तक--क्या हो रहा
है ज़माने को?

(ब्रूटस जाता है.)

बड़े हैं आप, मित्र ब्रूटस.
समझ गया हूँ मैं--आप को ढाला
जा सकता है मनचाहे साँचे में.
बड़ों को चाहिए संगत बड़ों
की. बहकाए जा सकते हैं बड़े
से बड़े भी. सीज़र को सुहाता
नहीं हूँ मैं. ब्रूटस ठहरा उस की
आँखों का तारा. होता अगर मैं
ब्रूटस और ब्रूटस होते मेरी
जगह--तो फुसला नहीं पाते वे
कभी मुझे. आज ही रात लिखूँगा
ज्ञापन, आवाहन, अनेक नामों से.
उन सब में होगा रोम की नज़र में
ब्रूटस की महानता का बखान, और
सीज़र की नीयत पर कटाक्ष! देखें--
फिर कितनी देर टिक पाता है सीज़र.
हिला देंगे हम उसे या फिर हम
ही सहेंगे दुर्भाग्य की मार.

(जाते हैं.)

SCENE III

The same. A street.

(Thunder and lightning. Enter from opposite sides, CASCA, with his sword drawn, and CICERO.)

CICERO Good even, Casca: brought you Caesar home?
Why are you breathless? and why stare you so?

CASCA Are not you moved, when all the sway of earth
Shakes like a thing unfirm? O Cicero,
I have seen tempests, when the scolding winds
Have rived the knotty oaks, and I have seen
Th' ambitious ocean swell and rage and foam,
To be exalted with the threatening clouds:
But never till to-night, never till now,
Did I go through a tempest dropping fire.
Either there is a civil strife in heaven,
Or else the world, too saucy with the gods,
Incenses them to send destruction.

CICERO Why, saw you any thing more wonderful?

CASCA A common slave, you know him well by sight,
Held up his left hand, which did flame and burn
Like twenty torches join'd, and yet his hand,
Not sensible of fire, remain'd unscorch'd.
Be :ides--I ha' not since put up my sword--
Against the Capitol I met a lion,

दृश्य ३

रोम. एक राजमार्ग.

(बिजली. गड़गड़ाहट. एक ओर से कास्का आता है. उस ने तलवार खींच रखी है, दूसरी ओर से सिसैरो.)

सिसैरो नमस्कार, कास्का. पहुँचा आए घर
सीज़र को? बदहवास क्यों हो? आँखें
पथराई क्यों हैं?

कास्का होश नहीं उड़ेंगे
अगर चूल हिल जाए धरती की? मैं
ने देखे हैं झंझावात जिन में जड़
से उखड़ जाते हैं बड़े बड़े
पेड़. देखा है उफनता उछलता
समंदर घुमड़ते घनघनाते
बादलों से मिलने को बेचैन. कभी
देखा नहीं ऐसा तूफ़ान--आकाश
से जिस में बरसती हो ज्वाला. छिड़
गई क्या देवताओं में लड़ाई?
भर गया क्या हमारे पापों का
घड़ा? देवता तुले हैं मिटाने
को धरती.

सिसैरो देखा कुछ और अनोखा?

कास्का अभी अभी देखा मैं ने एक दास--
आप भी जानते हैं उसे--हाथ ऊपर
उठा था उस का, जल रहा था बीस
मशालों के जैसा. पर न हाथ में
जलन थी, न जलन का दाग़ था. और
सुनो... दुर्ग के सिंहद्वार पर मैं ने
देखा... तब से तलवार म्यान में नहीं
डाली मैं ने... एक महा विशाल
सिंह. मंद मंथर चला आ रहा
था. उस ने मेरी तरफ़ देखा,

Who glaz'd upon me, and went surly by,
Without annoying me: and there were drawn
Upon a heap a hundred ghastly women,
Transformed with their fear; who swore they saw
Men all in fire walk up and down the streets.
And yesterday the bird of night did sit
Even at noon-day upon the market-place,
Hooting and shrieking. When these prodigies
Do so conjointly meet, let not men say
'These are their reasons; they are natural;'
For, I believe, they are portentous things
Unto the climate that they point upon.

CICERO Indeed, it is a strange-disposed time:
But men may construe things after their fashion,
Clean from the purpose of the things themselves.
Come Caesar to the Capitol to-morrow?

CASCA He doth; for he did bid Antonius
Send word to you he would be there to-morrow.

CICERO Good night then, Casca: this disturbed sky
Is not to walk in.

CASCA Farewell, Cicero.

(Exit CICERO. Enter CASSIUS.)

CASSIUS Who's there?

CASCA A Roman.

CASSIUS Casca, by your voice.

CASCA Your ear is good. Cassius, what night is this!

CASSIUS A very pleasing night to honest men.

मेरी आँखों में आँखें डाली... और
बस, घूरता चला गया... एक टीले
पर थीं सैकड़ों भयभीत नारियाँ. कह
रही थीं वे--उन्हों ने देखे हैं
सड़कों पर चलते धधकते मानव.
कल ही की तो बात है. नगर चौक
में भरी दोपहरी में बोल रहा
था उल्लू... इतने सारे अपशकुन.
कुछ भी कहे कोई--यह यूँ हुआ!
इस कारण हुआ!... मैं तो बस यही
कहूँगा--अपशकुन हैं ये. चेता
रहे हैं हमें. आने वाला है
संकट.

सिसैरो सच! अद्‌भुत समय है यह. हो
रहे हैं अनेक और अद्‌भुत लक्षण.
अपनी इच्छा से लगा रहे हैं
सब अनोखे से अनोखा मतलब.
कहो तो, सीज़र कल आएगा क्या
संसद में?

कास्का हाँ! हाँ! ज़रूर! एंटनी से
कहा उस ने--आप को सूचना दे दे.

सिसैरो चलता हूँ मैं. ठीक नहीं यूँ घूमना
इस मौसम में.

कास्का नमस्कार, सिसैरो.

(सिसैरो जाता है. कैसियस आता है.)

कैसियस कौन है? कौन है उधर?

कास्का एक रोमन.

कैसियस कास्का?

कास्का बड़े तेज़ हैं कान!
कैसियस, कैसी है यह रात?

कैसियस भली है--
भले लोगों के लिए.

CASCA Who ever knew the heavens menace so?

CASSIUS Those that have known the earth so full of faults.
For my part, I have walk'd about the streets,
Submitting me unto the perilous night,
And, thus unbraced, Casca, as you see,
Have bared my bosom to the thunder-stone;
And when the cross blue lightning seem'd to open
The breast of heaven, I did present myself
Even in the aim and very flash of it.

CASCA But wherefore did you so much tempt the heavens?
It is the part of men to fear and tremble,
When the most mighty gods by tokens send
Such dreadful heralds to astonish us.

CASSIUS You are dull, Casca, and those sparks of life
That should be in a Roman you do want,
Or else you use not. You look pale and gaze
And put on fear and cast yourself in wonder,
To see the strange impatience of the heavens:
But if you would consider the true cause
Why all these fires, why all these gliding ghosts,
Why birds and beasts from quality and kind,
Why old men fool and children calculate,
Why all these things change from their ordinance
Their natures and preformed faculties
To monstrous quality, why, you shall find
That heaven hath infused them with these spirits,
To make them instruments of fear and warning
Unto some monstrous state.
Now could I, Casca, name to thee a man
Most like this dreadful night,
That thunders, lightens, opens graves, and roars

कास्का सोचा था
किसी ने यूँ फट सकता है आकाश?

कैसियस हाँ, सोचा था उन्हों ने जो जानते
कितना दूषित है संसार. सीना यूँ
खोले आज रात सड़कों पर फिरा हूँ
मैं. बादलों के सीने में पैठती थी
जब बिजली की कटार, तो सामने कर
दी मैं ने भी छाती.

कास्का क्यों ललकारा
आकाश को तुम ने? क्यों अपने को
ख़तरों में डाला? देवता गरजें तो
आदमी को चाहिए काँपना, थरथराना.

कैसियस कास्का, कुंद हो चुके हो तुम. हर रोमन
को घुट्टी में मिलता है जो साहस,
जो ओज, क्या सब खो चुके हो तुम? क्यों
पीले पड़े हो? क्यो पथराई हैं
आँखें? डरा सहमा क्यों है चेहरा?
ज़रा सोचो, विचारो. आकाश से
क्यों बरसते हैं शोले? क्यों नंगे
नाच रहे हैं भूत और पिशाच? पशु
पक्षी क्यों पगला गए हैं? बूढ़े
बच्चे, गँवार और मूरख--सभी क्यों
बन गए हैं शकुनों के चितेरे?
प्रकृति क्यों हो गई है विकराल?
कास्का, विचारो. ये संकेत भेजे हैं
ऊपर वाले ने--हमें चेताने
को, बताने को, भयानक है आज
का युग, विकराल है आज का काल. कास्का,
हमारे बीच है कोई एक मानव.
इस रात जैसा ही भयानक है वह.
दिल का काला है वह,
बिजली सा चमचमाता है.
वज्र सा गड़गड़ाता है.

As doth the lion in the Capitol,
A man no mightier than thyself or me
In personal action, yet prodigious grown
And fearful, as these strange eruptions are.

CASCA 'Tis Caesar that you mean; is it not, Cassius?

CASSIUS Let it be who it is: for Romans now
Have thews and limbs like to their ancestors;
But, woe the while! our fathers' minds are dead,
And we are govern'd with our mothers' spirits;
Our yoke and sufferance show us womanish.

CASCA Indeed, they say the senators tomorrow
Mean to establish Caesar as a king;
And he shall wear his crown by sea and land,
In every place, save here in Italy.

CASSIUS I know where I will wear this dagger then;
Cassius from bondage will deliver Cassius:
Therein, ye gods, you make the weak most strong;
Therein, ye gods, you tyrants do defeat:

क़ब्रों को खोलता है वह.
    सिंह सा चिंघाडता है,
लेकिन, मित्र, मिट्टी का शेर है वह.
तुम्हारे और मेरे जैसा निर्बल है वह.
बढ़ते बढ़ते बन गया है दानव,
छा गया है सब पर.

कास्का कौन? सीज़र? क्यों, कैसियस?

कैसियस रहने दो उस का नाम. छोड़ो यह बात.
हम अपने को देखें. हम रोमन हैं?
हैं! बस नाम के. पुरखों के जैसे हैं
हमारे हाथ पैर. लेकिन पुरखों में
जो पौरुष था, साहस था, हाय, शोक!
महाशोक! वह अब हम में नहीं है.
हमारे कंधों पर जो जूआ है,
जो दासता लाद दी गई है हम पर,
चीख़ चिल्ला कर कह रही है:
नपुंसक हैं हम! नपुंसक हैं हम!

कास्का सच है! सुना है कल सांसद घोषित
कर देंगे सीज़र को सम्राट. इटली
के बाहर जितने भी गण हैं, देश
हैं, सभी का एकमात्र छत्रपति!
मान लिया जाएगा उसे सब का
शाहानुशाहि, चक्रवर्ती सम्राट,
महामहिमामय मुकुटधारी.

कैसियस जानते हो तब यह कटार कहाँ होगी?
मेरे जिगर के पार. कैसियस को यूँ
आज़ाद कर देगा कैसियस. कास्का,
यही तो वह बल है, जो दिया है
भगवान ने सभी को. यही तो
वह बल है जो निर्बलतम मानव
को बना देता है बलवान, स्वाधीन.
यही वह बल है जिस से हार जाते
हैं बड़े से बड़े सम्राट. नहीं

Nor stony tower, nor walls of beaten brass,
Nor airless dungeon, nor strong links of iron,
Can be retentive to the strength of spirit;
But life, being weary of these worldly bars,
Never lacks power to dismiss itself.
If I know this, know all the world besides,
That part of tyranny that I do bear
I can shake off at pleasure.

(Thunder still.)

CASCA So can I:
So every bondman in his own hand bears
The power to cancel his captivity.

CASSIUS And why should Caesar be a tyrant then?
Poor man! I know he would not be a wolf,
But that he sees the Romans are but sheep:
He were no lion, were not Romans hinds.
Those that with haste will make a mighty fire
Begin it with weak straws: what trash is Rome,
What rubbish and what offal, when it serves
For the base matter to illuminate
So vile a thing as Caesar! But, O grief,
Where hast thou led me? I perhaps speak this
Before a willing bondman; then I know
My answer must be made. But I am arm'd,
And dangers are to me indifferent.

CASCA You speak to Casca, and to such a man
That is no fleering tell-tale. Hold, my hand:
Be factious for redress of all these griefs,
And I will set this foot of mine as far
As who goes farthest.

CASSIUS There's a bargain made.

है कोई प्राचीर, नहीं है कोई
काल कोठरी, कोई लौह कपाट, जंज़ीर--
जो बाँध सके मानव की सत्ता को.
अत्याचारी कितना भी निर्मम हो,
सहने की होती है एक सीमा. हर
दास के हाथ मैं है अपनी आज़ादी!
अच्छी तरह जानता हूँ मैं अपनी
यह ताक़त. जब चाहूँ झटक सकता
मैं अत्याचारों का बोझा.

(गड़गड़ाहट रुकती है.)

कास्का मैं भी. मैं ही क्यों? हर रोमन. हर
दास के हाथ में है अपनी आज़ादी.

कैसियस तो फिर सीज़र कैसे बन बैठा है
अत्याचारी? भेड़ नहीं होते हम,
तो भेड़िया बनता वह कैसे? हम
न होते मृग, तो बनता कैसे
वह मृगारि? दावानल भड़कानी हो
तो पहले जलाए जाते हैं तिनके.
कैसा कूड़कर्कट झाड़झंखाड़ है
रोम, जो जलता है करने को प्रकाशित
सीज़र जैसे नीच का मस्तक... लेकिन
क्या हो गया है मुझे? बक रहा
हूँ प्रमाद में यह सब किस के आगे?
सीज़र के दास तो नहीं हो तुम? ख़ैर,
कोई बात नहीं. जानता हूँ क्या
करना है मुझे. तैयार हूँ मैं.
खतरों से खेलता हूँ मैं.

कास्का कास्का हूँ
मैं, चुग़लख़ोर नहीं हूँ मैं. लो हाथ!
कुछ करना है, कैसियस, तो चलो,
दुराचार मिटाने चलो. दूर तक
चलूँगा मैं तुम्हारे साथ.

कैसियस दो हाथ!

Now know you, Casca, I have moved already
Some certain of the noblest-minded Romans
To undergo with me an enterprise
Of honourable-dangerous consequence;
And I do know, by this, they stay for me
In Pompey's porch: for now, this fearful night,
There is no stir or walking in the streets;
And the complexion of the element
In favour's like the work we have in hand,
Most bloody, fiery, and most terrible.

CASCA Stand close awhile, for here comes one in haste.

CASSIUS 'Tis Cinna; I do know him by his gait;
He is a friend.

(Enter CINNA.)

Cinna, where haste you so?

CINNA To find out you. Who's that? Metellus Cimber?

CASSIUS No, it is Casca; one incorporate
To our attempts. Am I not stay'd for, Cinna?

CINNA I am glad on 't. What a fearful night is this!
There's two or three of us have seen strange sights.

CASSIUS Am I not stay'd for? tell me.

CINNA Yes, you are.
O Cassius, if you could
But win the noble Brutus to our party--

CASSIUS Be you content: good Cinna, take this paper,
And look you lay it in the praetor's chair,
Where Brutus may but find it; and throw this

तो सुनो, कई रोमन महानुभाव आ
चुके हैं हमारे साथ, ख़तरों
से खेलने को तैयार. वे बैठे
हैं मेरी प्रतीक्षा में पोंपेई
की रंगशाला में. भयानक है
यह रात. सूने हैं मार्ग. हमारा
काम भी भयानक है. इस के लिए
चाहिए थी ऐसी ही रक्तिम रात--
धधकती, भयानक...

कास्का चुप! आ रहा
है कोई. जल्दी में है...

कैसियस सिन्ना है.
पहचानता हूँ मैं यह पदचाप अपना

(सिन्ना आता है.)

मित्र है. मित्र सिन्ना, किधर?

सिन्ना तुम्हें खोजने. कौन है यह? मेटेलस
सिंबर तो नहीं?

कैसियस नहीं. कास्का हैं--
हमारे नए साथी. आ गए
सब रंगशाला में?

सिन्ना स्वागत है, मित्र
कास्का. भयानक है रात. हो रहे
हैं अनोखे चमत्कार.

कैसियस सब आ गए
रंगशाला में?

सिन्ना आ गए, कैसियस,
काश! तुम ला पाते ब्रूटस महान
को भी हमारे साथ...

कैसियस धीरज धरो.
लो, यह भोजपत्र. यह तुम रख देना...
ब्रूटस की कचहरी में कुरसी पर. उन
की नज़र पड़ जानी चाहिए
इर पर. और यह. इसे तुम

In at his window; set this up with wax
Upon old Brutus' statue: all this done,
Repair to Pompey's porch, where you shall find us.
Is Decius Brutus and Trebonius there?

CINNA All but Metellus Cimber; and he's gone
To seek you at your house. Well, I will hie,
And so bestow these papers as you bade me.

(Exit CINNA.)

CASSIUS That done, repair to Pompey's theatre.
Come, Casca, you and I will yet ere day
See Brutus at his house: three parts of him
Is ours already, and the man entire
Upon the next encounter yields him ours.

CASCA O, he sits high in all the people's hearts:
And that which would appear offence in us,
His countenance, like richest alchemy,
Will change to virtue and to worthiness.

CASSIUS Him and his worth and our great need of him
You have right well conceited. Let us go,
For it is after midnight; and ere day
We will awake him and be sure of him.

(Exeunt.)

ब्रूटस के घर के गवाक्ष में रखना.
ये पुरजे ब्रूटस की प्रतिमा के
नीचे चिपकाना. फिर पहुँचो तुम
रंगशाला में. वहीं मिलना. क्या
डीसियस ब्रूटस, मेटेलस सिंबर
भी हैं वहाँ?

सिन्ना सब हैं, नहीं हैं बस
मेटेलस सिंबर. गए हैं तुम्हें
खोजने तुम्हारे घर. तो चलता हूँ
मैं. सभी रुक्के डाल दूँगा जैसे
कहा है तुम ने.

कैसियस मिलना रंगशाला में

(सिन्ना जाता है)

चलो, कास्का, अभी बहुत करना
है. रात बीतने से पहले मिलेंगे
ब्रूटस महान से उन के घर पर
तीन चौथाई तो वे आ चुके हैं
हमारे साथ, आज की रात वे होंगे
पूरे हमारी झोली में.

कास्का ऊँचा स्थान है उन का जनता के मन
में. हमारा किया माना जाएगा
घोर अपराध. वे साथ हों हमारे, तो
हमारी करनी बनेगी महान.

कैसियस कास्का, बड़ी काँटे की पकड़ है
तुम्हारी. सच में, महान हैं ब्रूटस.
जैसे भी हो, उन्हें लाना होगा
अपने साथ. चलो, चलें. हो चुकी
है आधी रात. भोर होने से पहले
जगाना है उन को. कल होने से
पहले साथी बनाना है उन को.

(जाते हैं.)

ACT II

SCENE I

Rome. BRUTUS's orchard.
(Enter BRUTUS.)

BRUTUS What, Lucius, ho!
I cannot, by the progress of the stars,
Give guess how near to day. Lucius, I say!
I would it were my fault to sleep so soundly.
When, Lucius, when? awake, I say! what, Lucius!

(Enter LUCIUS.)

LUCIUS Call'd you, my lord?

BRUTUS Get me a taper in my study, Lucius:
When it is lighted, come and call me here.

LUCIUS I will, my lord. *(Exit.)*

BRUTUS It must be by his death: and for my part,
I know no personal cause to spurn at him,
But for the general. He would be crown'd:
How that might change his nature, there's the question.
It is the bright day that brings forth the adder;
And that craves wary walking. Crown him?--that;-
And then, I grant, we put a sting in him,
That at his will he may do danger with.
Th' abuse of greatness is, when it disjoins
Remorse from power: and, to speak truth of Caesar,
I have not known when his affections sway'd
More than his reason. But 'tis a common proof,

अंक २

दृश्य १

रोम. ब्रूटस का उपवन.

(ब्रूटस आता है.)

ब्रूटस लूसियस! लूसियस!
पता नहीं चलता तारों की चाल
से कितनी देर है भोर में. लूसियस!
उठ जाग! काश! मुझे भी यूँ नींद आती.
लूसियस! जाग, लूसियस!

(लूसियस आता है.)

लूसियस आप ने बुलाया, स्वामी?

ब्रूटस बैठके में बत्ती जगा. फिर यहाँ आ.

लूसियस जो आज्ञा, स्वामी.

(लूसियस जाता है.)

ब्रूटस मौत. हाँ, उस की मौत. मेरा कुछ नहीं
बिगाड़ा है उस ने. प्रश्न यह है--
सम्राट बनते ही बदल तो नहीं
जाएगा वह? यही तो प्रश्न है.
सँपोले को दाँत निकलता है
साँप बनने पर. तब सँभल के चलना
पड़ता है सब को. सम्राट बनाएँ
उसे? इस का मतलब होगा--मणिधर
को विषधर बनाना. जब चाहे
वह जिसे डँस ले, समाप्त कर दे.
एकछत्र सत्ता होती है स्वच्छंद.
सच, सीज़र को कभी स्वच्छंद नहीं

That lowliness is young ambition's ladder,
Whereto the climber-upward turns his face;
But when he once attains the upmost round.
He then unto the ladder turns his back,
Looks in the clouds, scorning the base degrees
By which he did ascend. So Caesar may.
Then, lest he may, prevent. And, since the quarrel
Will bear no colour for the thing he is,
Fashion it thus; that what he is, augmented,
Would run to these and these extremities:
And therefore think him as a serpent's egg
Which, hatch'd, would, as his kind, grow mischievous,
And kill him in the shell.

(Re-enter LUCIUS.)

LUCIUS The taper burneth in your closet, sir.
Searching the window for a flint, I found
This paper, thus seal'd up; and, I am sure,
It did not lie there when I went to bed.

(Gives him the letter.)

BRUTUS Get you to bed again; it is not day.
Is not to-morrow, boy, the ides of March?

LUCIUS I know not, sir.

BRUTUS Look in the calendar, and bring me word.

LUCIUS I will, sir.

(Exit.)

BRUTUS The exhalations whizzing in the air
Give so much light that I may read by them.

(Opens the letter and reads.)

Brutus, thou sleep'st: awake, and see thyself.
Shall Rome, &c. Speak, strike, redress!
'Brutus, thou sleep'st: awake!'
Such instigations have been often dropp'd

देखा. यह भी सच है--विनम्रता
महत्त्वाकांक्षा की सीढ़ी है. ऊपर
पहुँच कर मन करता है छूने
को आकाश. नीचे की पैड़ी लगने
लगती है और भी नीची. ऐसे ही
बदल सकता है सीज़र भी. रोकना
होगा उसे बदलने से पहले.
प्रश्न 'क्या है' का नहीं. प्रश्न
है 'क्या हो सकता है'. हमें मानना
होगा अभी सीज़र हे अंडे में
साँप. बाहर निकल कर बनेगा नाग.
अच्छा है--अंडा ही कुचल दें हम.

(लूसियस लौट कर आता है.)

लूसियस बत्ती जला दी है, श्रीमान. मैं
गवाक्ष में खोज रहा था चकमक,
वहाँ यह पत्र रखा था. कल शाम
नहीं था यह.

(पत्र देता है.)

ब्रूटस जा, सो जा. अभी शेष है रात...
कल मार्च का मध्य है ना?

लूसियस पता नहीं, श्रीमान.

ब्रूटस पंचांग में देख कर बता तो.

लूसियस जो आज्ञा, स्वामी.

(लूसियस जाता है.)

ब्रूटस टूटते तारों से जगमगा रहा
है आज आकाश. इन्हीं के प्रकाश में
पढ़ता हूँ--क्या लिखा है किसी ने...

(पत्र खोलता है, पढ़ता है.)

'तू सो रहा है, ब्रूटस! जाग, उठ, जाग!
अपने को पहचान. कब तक यूँ रोमन
गण... उठ, जाग. देश को बचा, ब्रूटस महान!'
'तू सो रहा है, ब्रूटस! जाग, उठ, जाग!'
उलाहने ऐसे, आवाहन ऐसे,

Where I have took them up.
'Shall Rome, etc.' Thus must I piece it out:
Shall Rome stand under one man's awe? What, Rome?
My ancestors did from the streets of Rome
The Tarquin drive, when he was call'd a king.
'Speak, strike, redress!' Am I entreated
To speak and strike? O Rome, I make thee promise:
If the redress will follow, thou receivest
Thy full petition at the hand of Brutus!

(Re-enter LUCIUS.)

LUCIUS Sir, March is wasted fourteen days.

(Knocking within.)

BRUTUS 'Tis good. Go to the gate; somebody knocks.

(Exit LUCIUS.)

Since Cassius first did whet me against Caesar,
I have not slept.
Between the acting of a dreadful thing
And the first motion, all the interim is
Like a phantasma, or a hideous dream:
The Genius and the mortal instruments
Are then in council; and the state of man,
Like to a little kingdom, suffers then
The nature of an insurrection.

(Re-enter LUCIUS.)

LUCIUS Sir, 'tis your brother Cassius at the door,
Who doth desire to see you.

जहाँ तहाँ मुझे मिलते रहे
हैं. 'कब तब यूँ रोमन गण...'
अधूरा छोड़ दिया गया है वाक्य!
क्या कहना चाहता है लेखक...?
कब तक यूँ रोमन गण दबते
रहेंगे?... एक बार रोम को बचाया
था मेरे पुरखों ने टारक्विन से... वह
बनना चाहता था सम्राट! खदेड़ा
था उसे मेरे ही पुरखों ने... 'उठ
जाग. देश को बचा.' मुझे पुकारा
गया है देश के नाम पर? मेरे
देश, मैं देता हूँ वचन. रोम के
लोगो, ब्रूटस करेगा तुम्हारा उद्धार!

(लूसियस फिर आता है.)

लूसियस श्रीमान, छीज चुके हैं मार्च के
चौदह दिन!

(नेपथ्य में खटखटाहट.)

ब्रूटस ठीक है. देख, कौन है द्वार पर?

(लूसियस जाता है.)

कैसियस ने उकसाया है जब से
मुझे सीज़र के ख़िलाफ़, सो नहीं
पाया हूँ मैं एक भी रात...
कुछ भयानक करने के विचार से
उस भयानक के किए जाने तक
जो कुछ मानव के मन पर बीतती है
कल्पना का जाल है, स्वप्न विकराल है.
होता रहता है मन और मनोरथ
के बीच वादविवाद, जैसे किसी राज्य
को घेर ले अचानक दुश्मन, वैसे
व्यक्ति का मन रहता है आक्रांत...

(लूसियस आता है.)

लूसियस स्वामी, आप के भ्राता कैसियस हैं.
क्या आज्ञा है?

BRUTUS Is he alone?

LUCIUS No, sir, there are moe with him.

BRUTUS Do you know them?

LUCIUS No, sir; their hats are pluck'd about their ears,
And half their faces buried in their cloaks,
That by no means I may discover them
By any mark of favour.

BRUTUS Let 'em enter.

(Exit LUCIUS.)

They are the faction. O conspiracy,
Shamest thou to show thy dangerous brow by night,
When evils are most free? O, then by day
Where wilt thou find a cavern dark enough
To mask thy monstrous visage? Seek none, conspiracy;
Hide it in smiles and affability:
For if thou path, thy native semblance on,
Not Erebus itself were dim enough
To hide thee from prevention.

(Enter the conspirators, CASSIUS, CASCA, DECIUS BRUTUS, CINNA, METELLUS CIMBER, and TREBONIUS.)

CASSIUS I think we are too bold upon your rest:
Good morrow, Brutus; do we trouble you?

BRUTUS I have been up this hour, awake all night.
Know I these men that come along with you?

CASSIUS Yes, every man of them, and no man here
But honours you; and every one doth wish

ब्रूटस अकेले हैं क्या?

लूसियस और भी हैं.

ब्रूटस पहचानता है तू उन्हें?

लूसियस जी, नहीं.

कानों तक यूँ बँधे हैं कनटोप.
लबादों से छिपे हैं चेहरे.
नहीं था पहचानने का कोई चिह्न.

ब्रूटस आने दे उन्हें.

(लूसियस जाता है.)

तो यह होता है षड्यंत्र... जितने
पाप हैं, बुरे लक्षण हैं, इस काली
रात में वे सब घूम रहे हैं खुले
आम. लेकिन षड्यंत्र? तू निकला है
मुँह को छिपाए. षड्यंत्र, कहाँ
छिपेगा तू दिन के उजाले में?
द्रोह, यूँ मुँह मत छिपा अपना. छिपा
ले अपने को दोस्ताने में, मुस्कान
में. नहीं तो छिप नहीं सकता तू
गहरे पाताल में.

(षड्यंत्रकारी आते हैं. इन में हैं कैसियस, कास्का, डीसियस ब्रूटस, सिन्ना, मेटेलस सिंबर और ट्रेबोनियस.)

कैसियस यूँ रात में हम आ धमके! नमस्कार
स्वीकार करें. आप को हम ने जगा
तो नहीं दिया?

ब्रूटस नहीं, नहीं. यूँ
घंटे भर से टहल रहा हूँ.
जागा हूँ सारी रात. जानता हूँ
इन्हें जो आए हैं तुम्हारे साथ?

कैसियस जी, सभी
को जानते हैं आप. और इन सब के मन
में महान सम्मान के पात्र हैं आप.
मनोकामना हम सब की है--आप भी

You had but that opinion of yourself
Which every noble Roman bears of you.
This is Trebonius.

BRUTUS He is welcome hither.

CASSIUS This, Decius Brutus.

BRUTUS He is welcome too.

CASSIUS This, Casca; this, Cinna; and this, Metellus Cimber.

BRUTUS They are all welcome.
What watchful cares do interpose themselves
Betwixt your eyes and night?

CASSIUS Shall I entreat a word?

(BRUTUS and CASSIUS whisper.)

DECIUS BRUTUS Here lies the east: doth not the day break here?

CASCA No.

CINNA O, pardon, sir, it doth; and yon gray lines
That fret the clouds are messengers of day.

CASCA You shall confess that you are both deceived.
Here, as I point my sword, the sun arises,
Which is a great way growing on the south,
Weighing the youthful season of the year.
Some two months hence up higher toward the north
He first presents his fire; and the high east
Stands, as the Capitol, directly here.

BRUTUS Give me your hands all over, one by one.

CASSIUS And let us swear our resolution.

BRUTUS No, not an oath: if not the face of men,

अपने को वही समझें जो आप को
समझते हैं हम रोम के लोग... ये हैं
ट्रेबोनियस.

ब्रूटस स्वागत है इन का.

कैसियस आप हैं
डीसियस ब्रूटस.

ब्रूटस मित्र, स्वागत है.

कैसियस यह कास्का. यह सिन्ना. मेटेलस सिंबर.

ब्रूटस आप सब का स्वागत है...
कौन सी चिंता है जो करक रही
है आप की आँखों में? किस कारण देर
रात तक जाग रहे हैं आप?

कैसियस एक पल आप सुनेंगे मेरी बात.

(ब्रूटस और कैसियस के बीच कानाफूसी.)

डीसियस इधर है पूर्व. क्यों? यही से तो
फूटेगा दिन का उजाला?

कास्का नहीं!

सिन्ना क्षमा करें, मित्र. काले मेघों
की कोर पर जो धूमिल सी रेखा है,
वही तो है भोर की दूती.

कास्का नहीं!
जिधर है मेरे खड्ग की नोंक, बस,
यहीं से निकलने वाला है सूर्य.
यह काष्ठा है दूर दक्षिण की ओर. और
दो मास पहले इधर, उत्तर की ओर,
निकलता था सूर्य का चमकता गोला.
जिसे कहते हैं पूर्व इधर है--संसद
की ओर.

ब्रूटस आप सब हाथ दें एक एक कर के मुझे.

कैसियस आइए, मित्रो, हम सब शपथ लें.

ब्रूटस नहीं, शपथ नहीं. शपथ से क्या
होगा? हमारी प्रेरणा हैं जन गण
के व्याकुल मुखमंडल, हमारे मन

The sufferance of our souls, the time's abuse,--
If these be motives weak, break off betimes,
And every man hence to his idle bed;
So let high-sighted tyranny range on,
Till each man drop by lottery. But if these,
As I am sure they do, bear fire enough
To kindle cowards and to steel with valour
The melting spirits of women, then, countrymen,
What need we any spur but our own cause,
To prick us to redress? what other bond
Than secret Romans, that have spoke the word,
And will not palter? and what other oath
Than honesty to honesty engaged,
That this shall be, or we will fall for it?
Swear priests and cowards and men cautelous,
Old feeble carrions and such suffering souls
That welcome wrongs; unto bad causes swear
Such creatures as men doubt; but do not stain
The even virtue of our enterprise,
Nor th' insuppressive mettle of our spirits,
To think that or our cause or our performance
Did need an oath; when every drop of blood
That every Roman bears, and nobly bears,
Is guilty of a several bastardy,
If he do break the smallest particle
Of any promise that hath pass'd from him.

CASSIUS But what of Cicero? shall we sound him?
I think he will stand very strong with us.

CASCA Let us not leave him out.

CINNA No, by no means.

की पीड़ा, इस युग का अँधेरा. नहीं
हैं ये पर्याप्त किसी के लिए तो,
अब भी समय है, वह छोड़ दे हमारा
साथ. घर जाए, आराम से सो जाए.
अत्याचार को पनपने दे, शासन का
पंजा अपनी ओर बढ़ने दे.
पूरा विश्वास है मुझे. हम सब में
धधकती है सम्मान की ज्वाला. इस
ज्वाला से बनता है इस्पात. नारी
बन जाती है नर. देशवासियो,
रोमनो, मित्रो, बोलिए--देश सेवा
में चाहिए क्या हमें शपथ का
सहारा? रोमन वही है जो हार
जाता है प्राण, पर हारता नहीं है प्रण.
वह कौन सी शपथ होगी सत्य को
जो सत्य से जोड़ेगी? ले कौन सी
बैसाखी युद्ध में डटेंगे हम?
शपथ लेते हैं पंडे पुजारी.
शपथ लेते हैं लुच्चे मदारी.
शपथ लेते हैं डाकू लूटेरे.
शपथ लेते हैं डरपोक और कायर.
शपथ लेते हैं वही लोग संदेह
करते हैं जिन की निष्ठा पर मानव.
मनोरथ महान है हमारा. इस
पर लगाओ मत लांछन. मनोबल
अटूट है हमारा. इस पर उठाओ
मत शंका. सच्चे रोमन हैं हम.
हर प्रण अटूट है हमारा.

कैसियस आचार्य सिसैरो को भी क्यों
न ले आएँ हम साथ? मेरी समझ
में, वे पूरा साथ देंगे हमारा.

कास्का हाँ, मत छोड़ो उन्हें.

सिन्ना हाँ, मत छोड़ो.

METELLUS CIMBER O, let us have him, for his silver hairs
Will purchase us a good opinion
And buy men's voices to commend our deeds:
It shall be said, his judgment ruled our hands;
Our youths and wildness shall no whit appear,
But all be buried in his gravity.

BRUTUS O, name him not: let us not break with him;
For he will never follow any thing
That other men begin.

CASSIUS Then leave him out.

CASCA Indeed he is not fit.

DECIUS BRUTUS Shall no man else be touch'd but only Caesar?

CASSIUS Decius, well urged: I think it is not meet,
Mark Antony, so well beloved of Caesar,
Should outlive Caesar: we shall find of him
A shrewd contriver; and, you know, his means,
If he improve them, may well stretch so far
As to annoy us all: which to prevent,
Let Antony and Caesar fall together.

BRUTUS Our course will seem too bloody, Caius Cassius,
To cut the head off and then hack the limbs,
Like wrath in death and envy afterwards;
For Antony is but a limb of Caesar:
Let us be sacrificers, but not butchers, Caius.
We all stand up against the spirit of Caesar;
And in the spirit of men there is no blood:

मेटेलस सिंबर हाँ, हाँ, ठीक है. अच्छा है. हमारी
अनुभवहीनता को मिल जाएगा यूँ
उन के पके बालों का सहारा.
पितामह के बड़प्पन से हम को
मिलेगा जनता का आदर सम्मान.
लोग समझेंगे--उन के अनुभव ने
किया होगा मार्गदर्शन हमारा.

ब्रूटस नाम मत लो उन का. हाँ, उन से
दूर भी मत रहो. दूसरों के पीछे
नहीं चलेंगे वे.

कैसियस तो फिर छोड़ो
उन्हें.

कास्का सही है. ठीक नहीं हैं वे.

डिसियस अकेला सीज़र मरेगा? या उस
के साथी भी?

कैसियस ठीक प्रश्न उठाया
डीसियस ने. मैं तो समझता हूँ
बचना नहीं चाहिए एंटनी
भी. सीज़र का मुँहलगा है वह.
बहुत चालाक है, समर्थ है वह.
बढ़ा सकता है वह अपनी ताक़त,
हमें सता सकता है वह. ठीक तो
यही होगा--सीज़र के साथ, लगे
हाथ, एंटनी भी...

ब्रूटस नहीं. कैसियस नहीं!
इस से लग जाएगा क्रांति को बट्टा.
पापी और क्रूर कहे जाएँगे हम.
सिर उतारने के बाद काट डालना हाथ!
हत्या कर डालना आवेश में और फिर
बाद में निकालना मन की भड़ास! हम
देश के पुजारी हैं. बूचड़ नहीं
हैं हम. हमारा विरोध सीज़र की
भावना से है. काश, कहीं मिल जाए

O, that we then could come by Caesar's spirit,
And not dismember Caesar! But, alas,
Caesar must bleed for it! And, gentle friends,
Let's kill him boldly, but not wrathfully;
Let's carve him as a dish fit for the gods,
Not hew him as a carcass fit for hounds:
And let our hearts, as subtle masters do,
Stir up their servants to an act of rage,
And after seem to chide 'em. This shall make
Our purpose necessary and not envious:
Which so appearing to the common eyes,
We shall be call'd purgers, not murderers.
And for Mark Antony, think not of him;
For he can do no more than Caesar's arm
When Caesar's head is off.

CASSIUS Yet I fear him;
For in the ingrafted love he bears to Caesar--

BRUTUS Alas, good Cassius, do not think of him:
If he love Caesar, all that he can do
Is to himself, take thought and die for Caesar:
And that were much he should; for he is given
To sports, to wildness and much company.

TREBONIUS There is no fear in him; let him not die;
For he will live, and laugh at this hereafter.

(Clock strikes.)

BRUTUS Peace! count the clock.

हमें सीज़र की भावना. सीज़र के
घात से बच जाएँ. शोक तो यही
है सीज़र को बहाना पड़ेगा
लहू, सीज़र की भावना की वेदी
पर. सज्जनो, सीज़र को मारना है
हमें--साहस के साथ, क्रोध में नहीं.
बोटियाँ नहीं काटनी हैं हमें.
हमें तो अर्पित करनी है देवताओं
को बलि. डालने नहीं हैं कूकरों
को कौर. चतुर स्वामी पहले तो
उकसाते हैं सेवकों का आवेश, फिर
लगाते हैं आवेश पर नियंत्रण.
मित्रो, यही करना है हमें भी.
तब हमारा कार्य माना जाएगा
देश की सेवा. एक भी उँगली नहीं
उठेगी फिर हमारी नीयत पर.
हत्यारे नहीं, हम माने जाएँगे उद्धारक.
कोई भी नहीं कहेगा--मारा है
सीज़र को हम ने इर्ष्या से. एंटनी?
भूल जाओ उसे. क्या कर सकता है
अकेला एंटनी? कट गया सीज़र
का सिर तो क्या कर लेगा उस का हाथ?

कैसियस फिर भी मैं डरता हूँ उस से. उस की
रग़ रग़ में भरा है सीज़र का राग.

ब्रूटस कैसियस, भूल जाओ उसे. वह
इतना ही रागी है सीज़र का, तो
उस के बिछोह में घुलने दो उसे!
वाह! क्या ही सुंदर अंत होगा राग
रंग प्रेमी का, भोगी विलासी का.

ट्रेबोनियस उस से भय कैसा? रहने दो उसे!
फिर डूब जाने दो भोग में, विलास में.

(घंटे बजते हैं.)

ब्रूटस शांत. घंटे गिनो...

CASSIUS The clock hath stricken three.

TREBONIUS 'Tis time to part.

CASSIUS But it is doubtful yet,
Whether Caesar will come forth to-day, or no;
For he is superstitious grown of late,
Quite from the main opinion he held once
Of fantasy, of dreams and ceremonies:
It may be, these apparent prodigies,
The unaccustom'd terror of this night,
And the persuasion of his augurers,
May hold him from the Capitol to-day.

DECIUS BRUTUS Never fear that: if he be so resolved,
I can o'ersway him; for he loves to hear
That unicorns may be betray'd with trees,
And bears with glasses, elephants with holes,
Lions with toils and men with flatterers;
But when I tell him he hates flatterers,
He says he does, being then most flattered.
Let me work;
For I can give his humour the true bent,
And I will bring him to the Capitol.

CASSIUS Nay, we will all of us be there to fetch him.

BRUTUS By the eighth hour: is that the uttermost?

CINNA Be that the uttermost, and fail not then.

METELLUS CIMBER Caius Ligarius doth bear Caesar hard,
Who rated him for speaking well of Pompey:
I wonder none of you have thought of him.

कैसियस तीन बज गए.

ट्रेबोनियस तो अब चलें...

कैसियस लेकिन अभी पक्का
नहीं है--सीज़र आज की बैठक में
आएगा या नहीं. अंधविश्वासी
सा होता जा रहा है आजकल वह
कुछ. मिथकों और सपनों में, पुराने
रीति रिवाज़ में होता जा रहा
है उसे विश्वास. आज के अनोखे
शकुन, भयानक लक्षण और उस के
शुभचिंतकों की मनुहारें--रोक
न लें उसे संसद में आने से.

डीसियस चिंता मत करो. अच्छा लगता है
उसे सुनना--कैसे ठगे जाते
हैं तृष्णा से मृग, दर्पण से भालू,
खेड़े से हाथी, और कैसे ठगे
जाते हैं चमचों से नरेश. लेकिन
जब मैं कहता हूं, महावीर सीज़र,
आप पर निष्फल हैं चमचों के तीर!
तो वह कहता है, 'हाँ.' और चल जाता
है उस पर चमचागीरी का तीर. उस
के मानस को मोड़ सकता हूँ मैं. ले
आऊँगा उसे कल संसद में मैं.

कैसियस नहीं. सब चलेंगे उसे लाने.

ब्रूटस तो फिर सुबह आठे बजे सब...

कैसियस आठ से देर न हो. कोई चूक न हो.

मेटेलस सिंबर कायस लिगारियस चिढ़े बैठे
हैं सीज़र से. जब वे कर रहे
थे पोंपेई का गुणगान, तो फटकार
दिया था सीज़र ने. कमाल है! हम
में से किसी को ध्यान नहीं आया
उन का...

BRUTUS Now, good Metellus, go along by him:
He loves me well, and I have given him reasons;
Send him but hither, and I'll fashion him.

CASSIUS The morning comes upon 's: we'll leave you, Brutus.
And, friends, disperse yourselves; but all remember
What you have said, and show yourselves true Romans.

BRUTUS Good gentlemen, look fresh and merrily;
Let not our looks put on our purposes,
But bear it as our Roman actors do,
With untired spirits and formal constancy:
And so good morrow to you every one.

(Exeunt all but BRUTUS.)

Boy! Lucius! Fast asleep? It is no matter;
Enjoy the honey-heavy dew of slumber:
Thou hast no figures nor no fantasies,
Which busy care draws in the brains of men;
Therefore thou sleep'st so sound.

(Enter PORTIA.)

PORTIA Brutus, my lord!

BRUTUS Portia, what mean you? wherefore rise you now?
It is not for your health thus to commit
Your weak condition to the raw cold morning.

PORTIA Nor for yours neither. You've ungently, Brutus,
Stole from my bed: and yesternight, at supper,
You suddenly arose, and walk'd about,

ब्रूटस वाह, मेटेलस! मुझे बहुत
चाहते हैं वे. मैं ने की है उन की
सेवा. मैं मना ही लूँगा उन्हें.
जाते जाते होते जाना उन के घर.
भेज देना उन्हें मेरे पास. मना
लूँगा मैं उन्हें.

कैसियस भोर हो आई... अब
चलेंगे हम. मित्रो, सब बिखर जाओ.
लेकिन याद रहे जो कहा है सब ने.
सब दिखा दो सच्चे रोमन हैं हम.

ब्रूटस मित्रो, मुखमंडल खिले हों, थकन
न हो. झलक न हो मुँह पर मनोरथ
की. अभिनेताओं सा उत्साह हो.
कोई चूक न हो. सब को नया दिन
शुभ हो.

(सब जाते हैं. मंच पर अकेला ब्रूटस.)

लूसियस, फिर सो गया! भरनींद! सो
ले! भोग ले शबनमी नींद. तुझे क्या
है? न चिंता ज़माने की, न ग़म,
जिन से कुंचित होता है ललाट.
इसी लिए सोता है तू! सो, सो,
जी भर कर सो!

(पोर्शिया आती है.)

पोर्शिया ब्रूटस, मेरे स्वामी!

ब्रूटस पोर्शिया, यह क्या? जाग गईं अभी
से आप? ठीक नहीं है आप का स्वास्थ्य.
अच्छा नहीं है आप का यूँ भोर की
शीतल बयार में आना.

पोर्शिया ठीक नहीं
है आप का भी स्वास्थ्य. चुपचाप चले
आए आप छोड़ कर मेरी सेज. कल शाम
छोड़ दी आप ने अचानक भोजन की
मेज़. बस टहलते रहे आप सोचते,

Musing and sighing, with your arms across,
And when I ask'd you what the matter was,
You stared upon me with ungentle looks;
I urged you further; then you scratch'd your head,
And too impatiently stamp'd with your foot;
Yet I insisted, yet you answer'd not,
But, with an angry wafture of your hand,
Gave sign for me to leave you: so I did;
Fearing to strengthen that impatience
Which seem'd too much enkindled, and withal
Hoping it was but an effect of humour,
Which sometime hath his hour with every man.
It will not let you eat, nor talk, nor sleep,
And could it work so much upon your shape
As it hath much prevail'd on your condition,
I should not know you, Brutus. Dear my lord,
Make me acquainted with your cause of grief.

BRUTUS I am not well in health, and that is all.

PORTIA Brutus is wise, and, were he not in health,
He would embrace the means to come by it.

BRUTUS Why, so I do. Good Portia, go to bed.

PORTIA Is Brutus sick? and is it physical
To walk unbraced and suck up the humours
Of the dank morning? What, is Brutus sick,
And will he steal out of his wholesome bed,
To dare the vile contagion of the night
And tempt the rheumy and unpurged air
To add unto his sickness? No, my Brutus;
You have some sick offence within your mind,
Which, by the right and virtue of my place,

आहें भरते, हाथ सीने पर बाँधे.
मैं ने पूछाः क्या बात है? शून्य में
ताकने लगे आप. मैं ने फिर पूछा,
सिर खुजाने लगे आप, पटकने
लगे पैर. मैं ने फिर पूछा, रहे
मौन आप. झुँझला कर हिलाया हाथ,
'जाओ!' हटी मैं. चाहा
नहीं धीरज आप का परखना. आप
को हुआ है क्या? कैसा अवसाद है?
खाते नहीं आप अब. हँसते नहीं
आप अब. सोते नहीं आप अब. कुछ तो
बताइए--आप को हुआ है क्या?

ब्रूटस कुछ नहीं हुआ मुझे. स्वास्थ्य
कुछ ठीक नहीं है.

पोर्शिया समझदार हैं आप,
रोगी नहीं हैं आप. होता कोई
रोग, तो करते उपचार आप.

ब्रूटस वही कर
रहा हूँ मैं. प्रिय पोर्शिया! जाओ,
सो जाओ.

पोर्शिया श्रीमान ब्रूटस
रोगी हैं--उपचार है चिपचिपी भोर
में गीली घास पर टहलना! रोगी
हैं, तभी चोरों से खिसक आए
हैं मेरी सेज से! रात भर टहले हैं
सनसनाती हवा में!...
नहीं, प्रिय ब्रूटस! नहीं, यह
रोग काया का नहीं है. यह रोग है
आप के मन का. क्या है वह?--बताएँ
मुझे आप. जानना यह सब--अधिकार
है मेरा. निष्ठा के वचन आप
ने दिए थे! तो आप ने कहा था, मुझे
अर्धांगिनी समझेंगे आप मुझ

I ought to know of: and, upon my knees,
I charm you, by my once-commended beauty,
By all your vows of love and that great vow
Which did incorporate and make us one,
That you unfold to me, yourself, your half,
Why you are heavy, and what men to-night
Have had to resort to you: for here have been
Some six or seven, who did hide their faces
Even from darkness.

BRUTUS Kneel not, gentle Portia.

PORTIA I should not need, if you were gentle Brutus.
Within the bond of marriage, tell me, Brutus,
Is it excepted I should know no secrets
That appertain to you? Am I yourself
But, as it were, in sort or limitation,
To keep with you at meals, comfort your bed,
And talk to you sometimes? Dwell I but in the suburbs
Of your good pleasure? If it be no more,
Portia is Brutus' harlot, not his wife.

BRUTUS You are my true and honourable wife,
As dear to me as are the ruddy drops
That visit my sad heart

PORTIA If this were true, then should I know this secret.
I grant I am a woman; but withal
A woman that Lord Brutus took to wife:
I grant I am a woman; but withal
A woman well-reputed, Cato's daughter.
Think you I am no stronger than my sex,
Being so father'd and so husbanded?
Tell me your counsels, I will not disclose 'em:
I have made strong proof of my constancy,

से छिपा कर नहीं रखेंगे मन के भेद.
आप के चरणों में झुकी हूँ. कुछ भी
छिपाएँ मत. कौन थे वे लोग जो आज
आए थे? छः सात जन थे--छिपे थे
चेहरे रात के काले अँधेरे में?

ब्रूटस झूको मत यूँ, देवी.

पोर्शिया नहीं झुकती
यदि पहले जैसे सहज होते आप.
विवाहिता हूँ आप की. बोलिए,
कहाँ तक उचित है--मुझे पता
न चलें आप के मन के क्लेश? आप की
आत्मा हूँ, पर मेरी सीमा है
आप की रसोई तक! आप की सेज तक!
जब आप चाहें, मुझ से करें बात, जब
चाहें, दूर कर दें मुझे. यही है
यदि मेरी सीमा तो मैं पत्नी
कहाँ हूँ, बस, रखेली हूँ आप की.

ब्रूटस तुम पत्नी हो मेरी, अर्धांगिनी
हो, संगिनी हो जीवन की. चेतना
हो तुम मेरे विषादमय हृदय की.

पोर्शिया यदि यह सच है तो मुझे पता
होने ही चाहिए आप के रहस्य.
हाँ, मानती हूँ मैं नारी हूँ मैं. पर
वह नारी हूँ मैं जिसे वरा है
ब्रूटस ने. मानती हूँ मैं--नारी हूँ
मैं. पर वह नारी हूँ मैं जो बेटी
है महावीर कैटो की. ऐसे पति
की पत्नी और ऐसे पिता की संतान
को मानते हैं आप साधारण नारी!
बताइए मुझे क्लेश निज मन के.
सहेज कर रखूँगी मैं. निष्ठा का
प्रमाण दिया था मैं ने जब किया

Giving myself a voluntary wound
Here, in the thigh: can I bear that with patience.
And not my husband's secrets?

BRUTUS O ye gods,
Render me worthy of this noble wife!

(Knocking within.)

Hark, hark! one knocks: Portia, go in awhile;
And by and by thy bosom shall partake
The secrets of my heart.
All my engagements I will construe to thee,
All the charactery of my sad brows:
Leave me with haste.

(Exit PORTIA.)

Lucius, who's that knocks?

(Re-enter LUCIUS with LIGARIUS.)

LUCIUS He is a sick man that would speak with you.

BRUTUS Caius Ligarius, that Metellus spake of.
Boy, stand aside. Caius Ligarius! how?

LIGARIUS Vouchsafe good morrow from a feeble tongue.

BRUTUS O, what a time have you chose out, brave Caius,
To wear a kerchief! Would you were not sick!

LIGARIUS I am not sick, if Brutus have in hand
Any exploit worthy the name of honour.

था जाँघ में घाव. सह लिया था
वह क्लेश! सहेज नहीं सकती मैं
आप के मन का क्लेश?

ब्रूटस हे भगवान! मुझे इस महान नारी
के लायक़ बना.

(नेपथ्य में ठक ठक होती है.)

सुनो, सुनो, द्वार
खटखटा रहा है कोई. देवी
पोर्शिया, कुछ देर को आप चली जाएँ.
धीरे धीरे बता दूँगा मैं आप
को अपने मन के गूढ़ रहस्य. किन
उलझनों में उलझा हूँ मैं? मेरे
माथे पर चिंता की रेखा क्यों है?
अभी शीघ्र चली जाएँ आप.

(पोर्शिया जाती है.)

कौन है द्वार पर, लूसियस?

(लूसियस और लिगारियस आते हैं.)

लूसियस कोई जर्जर बीमार पुरुष है यह.
आप ही से बात करने पर अड़ा है.

ब्रूटस कायस लिगारियस! आप! मेटेलस
ने उल्लेख किया था आप का. दास,
तू जा. कैसे हैं आप, मित्र
कायस लिगारियस?

(लूसियस जाता है.)

लिगारियस लें नई भोर
का प्रणाम आप एक लाचार रोगी से.

ब्रूटस कैसे समय धार लिया वीर कायस
ने बीमारी का बाना? काश, आज आप
स्वस्थ होते!

लिगारियस सदा सर्वदा हूँ
स्वस्थ, ब्रूटस, आप के हर उद्यम के
लिए, महान मनोरथ के लिए...

BRUTUS Such an exploit have I in hand, Ligarius,
Had you a healthful ear to hear of it.

LIGARIUS By all the gods that Romans bow before,
I here discard my sickness! Soul of Rome!
Brave son, derived from honourable loins!
Thou, like an exorcist, hast conjured up
My mortified spirit. Now bid me run,
And I will strive with things impossible;
Yea, get the better of them. What's to do?

BRUTUS A piece of work that will make sick men whole.

LIGARIUS But are not some whole that we must make sick?

BRUTUS That must we also. What it is, my Caius,
I shall unfold to thee, as we are going
To whom it must be done.

LIGARIUS Set on your foot,
And with a heart new-fired I follow you,
To do I know not what: but it sufficeth
That Brutus leads me on.

(Thunder.)

BRUTUS Follow me, then.

(Exeunt.)

ब्रूटस ऐसा ही एक मनोरथ सामने है
सुनने को स्वस्थ कान हैं आप के पास?

लिगारियस साक्षी हैं देवता! साक्षी हैं रोमन
गण! त्यागता हूँ मैं रोग का बाना!
रोम की चेतना है तू!
जन गण का नेता है तू!
पूज्य पितरों का वंशज है तू!
तेरे आवाहन ने भगा दिया
मेरा रोग. आदेश दे--क्या करना है?
अनहोनी कर दिखाऊँगा होनी.

ब्रूटस काम ही ऐसा है जो कर दे बीमार को
चंगा.

लिगारियस और चंगों को बीमार? क्यों?

ब्रूटस हाँ,
हाँ. वह भी! जो करना है, जिस के साथ
करना है, उस के पास जाते समय
बताऊँगा सब कुछ.

लिगारियस तो चलो, आगे बढ़ो.
नवचेतना मन में लिए मैं चलूँगा साथ.
लक्ष्य जो भी हो
नेता अगर तुम हो
चलेंगे सब हमारे साथ! *(मेघगर्जन.)*

ब्रूटस तो चलो,
आगे बढ़ें हम देश को ले साथ!

(जाते हैं.)

SCENE II

CAESAR's house.

(Thunder and lightning. Enter CAESAR, in his night-gown.)

CAESAR Nor heaven nor earth have been at peace to-night:
Thrice hath Calphurnia in her sleep cried out,
'Help, ho! they murder Caesar!' Who's within?

(Enter a Servant.)

Servant My lord?

CAESAR Go bid the priests do present sacrifice
And bring me their opinions of success.

Servant I will, my lord.

(Exit.)

(Enter CALPHURNIA.)

CALPHURNIA What mean you, Caesar? think you to walk forth?
You shall not stir out of your house to-day.

CAESAR Caesar shall forth: the things that threaten'd me
Ne'er look'd but on my back; when they shall see
The face of Caesar, they are vanished.

CALPHURNIA Caesar, I never stood on ceremonies,
Yet now they fright me. There is one within,
Besides the things that we have heard and seen,
Recounts most horrid sights seen by the watch.
A lioness hath whelped in the streets;
And graves have yawn'd, and yielded up their dead;
Fierce fiery warriors fought upon the clouds,
In ranks and squadrons and right form of war,
Which drizzled blood upon the Capitol;

दृश्य २

रोम. सीज़र का महल
(बादलों की गड़गड़ाहट. बिजली की कड़क.
रात को सोने के कपड़े पहने सीज़र आता है.)

सीज़र पूरी रात न आकाश को चैन था, न
धरती को. तीन बार कैल्पूर्निया
सोते सोते चीख उठीं: 'बचाओ.
मार डाला सीज़र को... !' कोई है?

(सेवक आता है.)

सेवक स्वामी?

सीज़र जाओ, पुरोहितों से कहो, पशु की
बलि चढ़ाएँ और लक्षण बताएँ.

सेवक जो आज्ञा, स्वामी.

(सेवक जाता है.)
(कैल्पूर्निया आती है.)

कैल्पूर्निया यह क्या, सीज़र? आज जाएँगे आप?
आज घर से कहीं नहीं जाएँगे आप.

सीज़र जाएगा सीज़र. आपदाओं ने मुझ
पर किया है पीठ से वार. देखती हैं
जब वे सीज़र का चेहरा, जाती हैं हार.

कैल्पूर्निया सीज़र, जानते हैं आप--नहीं माने
मैं ने कभी अंधविश्वास. पर आज? आज
भयभीत हूँ मैं. भीतर है हमारा
एक शुभचिंतक. कहता है--शकुन जो
हम ने देखे थे, पहरेदारों ने
देखे हैं उन से भी अनोखे लक्षण.
चौक में सिंहनी ने शावकों को जना.
कब्रों ने उगल दिए गड़े गव.
आकाश में बादलों पर अगिया
बेताल लड़ते रहे पूरी रात.
धरती पर उन का लहू बरसा.

The noise of battle hurtled in the air,
Horses did neigh, and dying men did groan,
And ghosts did shriek and squeal about the streets.
O Caesar! these things are beyond all use,
And I do fear them.

CAESAR What can be avoided
Whose end is purposed by the mighty gods?
Yet Caesar shall go forth; for these predictions
Are to the world in general as to Caesar.

CALPHURNIA When beggars die, there are no comets seen;
The heavens themselves blaze forth the death of princes.

CAESAR Cowards die many times before their deaths;
The valiant never taste of death but once.
Of all the wonders that I yet have heard.
It seems to me most strange that men should fear;
Seeing that death, a necessary end,
Will come when it will come.

(Re-enter Servant.)

What say the augurers?

Servant They would not have you to stir forth to-day.
Plucking the entrails of an offering forth,
They could not find a heart within the beast.

CAESAR The gods do this in shame of cowardice:
Caesar should be a beast without a heart,
If he should stay at home to-day for fear.
No, Caesar shall not: danger knows full well
That Caesar is more dangerous than he:
We are two lions litter'd in one day,
And I the elder and more terrible:
And Caesar shall go forth.

CALPHURNIA Alas, my lord,
Your wisdom is consumed in confidence.

युद्धनाद से काँपे नगरवासी.
घोड़े हिनहिनाए. मुरदे कराहे.
चीखते चिल्लाते भूत रात भर सड़कों
पर दौड़े. भयानक हैं ये शकुन.
सीज़र, सचमुच, बेहद भयभीत हूँ मैं.

सीज़र जिस का जो अंत होना है, हो कर
रहेगा वह. सीज़र को जाना है.
जाएगा सीज़र. लक्षण ये सब के
लिए हैं, केवल सीज़र के लिए
तो नहीं.

कैल्पूर्निया रंक मरता है, तो
टूटते नहीं तारे. राजा की मौत
पर धधक उठता है आकाश.

सीज़र मरते हैं कायर बार बार. वीर चखते
हैं मौत बस एक बार. सब जानते हैं
आनी है मौत. फिर भी कुछ लोग डरते
हैं मौत से. मैं कहता हूँ--स्वागत है मौत.

(सेवक आता है.)

क्या कहा पुरोहितों ने?

सेवक आज आप नहीं जाएँ. बलि पशु
को उन्हों ने खोला, तो हाथ नहीं
आया उस का कलेजा...

सीज़र देखा! यूँ
हँसते हैं देवता कायरों पर. डर कर
घर बैठ गया सीज़र तो हृदयहीन
पशु जैसा ही माना जाएगा
सीज़र. सीज़र को जाना है. भय को
भी पता है--भय से भयानक है
सीज़र. दो शेर हैं हम. हम जनमे थे
एक ही दिन. बड़ा हूँ मैं. हूँ भय से
भी भयानक. जाएगा ही सीज़र.

कैल्पूर्निया आनबान हावी है आप के विवेक पर.
आज मत जाइए आप. अपने नहीं,

Do not go forth to-day: call it my fear
That keeps you in the house, and not your own.
We'll send Mark Antony to the senate-house:
And he shall say you are not well to-day:
Let me, upon my knee, prevail in this.

CAESAR Mark Antony shall say I am not well,
And, for thy humour, I will stay at home.

(Enter DECIUS BRUTUS.)

Here's Decius Brutus, he shall tell them so.

DECIUS BRUTUS Caesar, all hail! good morrow, worthy Caesar,
I come to fetch you to the senate-house.

CAESAR And you are come in very happy time,
To bear my greeting to the senators
And tell them that I will not come to-day;
Cannot, is false, and that I dare not, falser;
I will not come to-day: tell them so, Decius.

CALPHURNIA Say he is sick.

CAESAR Shall Caesar send a lie?
Have I in conquest stretch'd mine arm so far,
To be afraid to tell graybeards the truth?
Decius, go tell them Caesar will not come.

DECIUS BRUTUS Most mighty Caesar, let me know some cause,
Lest I be laugh'd at when I tell them so.

मेरे ही भय से रुक जाइए आप.
हम भेज देंगे एंटनी के हाथ संसद
संदेश. कह देगा वह--स्वस्थ नहीं
हैं आप. आप के चरणों में झुकी हूँ.

सीज़र ठीक है, एंटनी कह आएगा--स्वस्थ
नहीं हूँ मैं. लीजिए, आप के लिए मान ली मैं
ने आप की बात.

(डीसियस आता है.)

लो डीसियस आ गए.
ये पहुँचा देंगे संदेश.

डीसियस सीज़र
की जय हो. प्रणाम, देवी. मैं आया
हूँ सीज़र को संसद ले जाने.

सीज़र बिल्कुल
ठीक समय आए हैं आप. सांसदों को
मेरा अभिवादन दें, और कह दें--
आज नहीं आऊँगा मैं. नहीं आ
सकूँगा--यह कहना ग़लत होगा.
साहस नहीं है आने का--यह और
भी ग़लत होगा. नहीं आऊँगा--
बस, यही कह दें आप.

कैल्पूर्निया आप कह दें--
अस्वस्थ हैं ये.

सीज़र सीज़र भेजेगा
असत्य संदेश! वे तमाम भीषण
संग्राम क्या इसी लिए थे--एक दिन
सीज़र सत्य कहने से डरेगा
बूढ़े सांसदों से! बस, कह देना--आज
नहीं आएगा सीज़र.

डीसियस पर, महाबली
सीज़र, कोई कारण तो बताओ.
अकारण न आने की कहूँगा
तो सब हँसेंगे मुझ पर.

CAESAR The cause is in my will: I will not come;
That is enough to satisfy the senate.
But for your private satisfaction,
Because I love you, I will let you know:
Calphurnia here, my wife, stays me at home:
She dreamt to-night she saw my statua,
Which, like a fountain with an hundred spouts,
Did run pure blood: and many lusty Romans
Came smiling, and did bathe their hands in it:
And these does she apply for warnings, and portents,
And evils imminent; and on her knee
Hath begg'd that I will stay at home to-day.

DECIUS BRUTUS This dream is all amiss interpreted;
It was a vision fair and fortunate:
Your statue spouting blood in many pipes,
In which so many smiling Romans bathed,
Signifies that from you great Rome shall suck
Reviving blood, and that great men shall press
For tinctures, stains, relics and cognizance.
This by Calphurnia's dream is signified.

CAESAR And this way have you well expounded it.

DECIUS BRUTUS I have, when you have heard what I can say:
And know it now. The senate have concluded
To give this day a crown to mighty Caesar.
If you shall send them word you will not come,

सीज़र कारण है...
मेरी इच्छा! नहीं आऊँगा मैं--
इतना काफ़ी है संसद के लिए.
तुम मेरे मित्र हो. सुनो, डीसियस,
कैल्पूर्निया ने रोका है मुझे.
सपने में देवी ने देखा--मेरी
मूर्ति में हैं सौ से अधिक घाव. हर घाव
से छूट रहे हैं लहू के सौ धारे!
हँसते नारे लगाते रोम के लोग
कर रहे हैं लाल उस लहू से हाथ.
देवी का कहना है--बुरा है
है सपना. चेतावनी है--होने
वाली है अनहोनी. चरण छू कर
माँगी है भीख, घर पर रहूँ मैं आज.

डीसियस ग़लत है यह अर्थ! यह सपना है
सूचक सौभाग्य का, अनंत गुणगान
का. प्रतिमा से बहे लहू के
धारे, हँसते खिलखिलाते रोमन
उन में नहाए--मतलब है आप से
मिलेगा रोमन गण को नवजीवन.
बड़े बड़े लोग माँगेंगे आप से
उपहार, पुरस्कार, यादगार, मान सम्मान.
बस, यही है शुभ संदेश देवी के
स्वप्न का.

सीज़र वाह! क्या सूझ है! क्या समझ है!

डीसियस यदि आप सुन लें मेरे समाचार
तो यही अर्थ निकालेंगे आप.
सांसदों ने निर्णय किया है--आज
पहनाएँगे महाबली सीज़र
को मुकुट, ताज़. और जो कहला भेजा आप
ने--आज नहीं आएँगे आप, बदल
सकता है उन का मन. सोचने की बात
यह भी है--आप के विरोधियों को

Their minds may change. Besides, it were a mock
Apt to be render'd, for some one to say
'Break up the senate till another time,
When Caesar's wife shall meet with better dreams.'
If Caesar hide himself, shall they not whisper
'Lo, Caesar is afraid'?
Pardon me, Caesar; for my dear dear love
To our proceeding bids me tell you this;
And reason to my love is liable.

CAESAR How foolish do your fears seem now, Calphurnia!
I am ashamed I did yield to them.
Give me my robe, for I will go.

(Enter PUBLIUS, BRUTUS, LIGARIUS, METELLUS, CASCA, TREBONIUS, and CINNA.)

And look where Publius is come to fetch me.

PUBLIUS Good morrow, Caesar.

CAESAR Welcome, Publius.
What, Brutus, are you stirr'd so early too?
Good morrow, Casca. Caius Ligarius,
Caesar was ne'er so much your enemy
As that same ague which hath made you lean.
What is 't o'clock?

BRUTUS Caesar, 'tis strucken eight.

CAESAR I thank you for your pains and courtesy.

(Enter ANTONY.)

See! Antony, that revels long o' nights,
Is notwithstanding up. Good morrow, Antony.

ANTONY So to most noble Caesar.

मिलेगा व्यंग्य बाणों का तरकस.
कोई कहेगा, 'भंग कर दो यह
बैठक! अब मिलेंगे हम उसी दिन
जब सीज़र की पत्नी देखेगी
कोई अच्छा सा सपना!' और यदि
सीज़र यूँ दुबक गया पत्नी के
दामन में--फुसफुसाएँगे लोग
'डरता है सीज़र!' क्षमा करें आप,
महाबली सीज़र. मैं हितैषी
हूँ आप का. आप के प्रेम के अधीन मैं
बक गया यह सब.

सीज़र सुन लिया, देवी?
ऊलजलूल थीं आप की आशंकाएँ.
लानत है मुझ पर--मान ली आप की बात!
दें मुझे मेरे वस्त्र. जाऊँगा मैं.

(पबलियस, ब्रूटस, लिगारियस, मेटेलस, कास्का, ट्रेबोनियस और सिन्ना आते हैं.)

देखो! मुझे ले जाने आए हैं पबलियस.

पबलियस सुप्रभात, सीज़र.

सीज़र स्वागत है,
पबलियस! वाह, ब्रूटस, आप भी. इतनी
सुबह! अच्छा. नमस्कार, कास्का. कायस
लिगारियस, सीज़र को अपना बैरी
मत समझें आप. आप का बैरी है ज्वर
जिस ने जर्जर कर दी आप की
काया. क्या बजा है?

ब्रूटस आठ बजे हैं.

सीज़र आभारी हूँ आप सब के प्रेम का.

(एंटनी आता है.)

रात भर जागने वाला एंटनी--
इतनी सुबह! सुप्रभात, एंटनी.

एंटनी आप को भी, सीज़र महान.

CAESAR Bid them prepare within:
I am to blame to be thus waited for.
Now, Cinna: now, Metellus: what, Trebonius!
I have an hour's talk in store for you;
Remember that you call on me to-day:
Be near me, that I may remember you.

TREBONIUS Caesar, I will: *(Aside.)* and so near will I be,
That your best friends shall wish I had been further.

CAESAR Good friends, go in, and taste some wine with me;
And we, like friends, will straightway go together.

BRUTUS (Aside.) That every like is not the same, O Caesar,
The heart of Brutus yearns to think upon!

(Exeunt.)

SCENE III

A street near the Capitol.
(Enter ARTEMIDORUS, reading a paper.)

ARTEMIDORUS 'Caesar, beware of Brutus; take heed of Cassius; come not near Casca; have an eye to Cinna, trust not Trebonius: mark well Metellus Cimber: Decius Brutus loves thee not: thou hast wronged Caius Ligarius. There is but one mind in all these men, and it is bent against Caesar. If thou beest not immortal, look about you: security gives way to conspiracy. The mighty gods defend thee! Thy lover'

'ARTEMIDORUS.'

Here will I stand till Caesar pass along,

सीज़र भीतर कहो--तैयारी करें...
खेद है आप को यूँ ठहरना पड़ा.
भाई सिन्ना, मेटेलस, और हाँ, आप
ट्रेबोनियस, आप से मुझे करनी
हैं घंटों बातें. आज ही आ जाएँ
आप. निकट रहें मेरे.

ट्रेबोनियस हाँ, हाँ, सीज़र.
(स्वगत) मैं रहूँगा इतना निकट, इतना
निकट कि तुम्हारे निकटतम लोग
कहेंगे--मैं दूर ही भला था.

सीज़र मित्रो, भीतर चलें मेरे साथ, कुछ
सुरा चख ले मेरे साथ. फिर हम सब
जाएँगे संसद सीधे मित्र समान.

ब्रूटस *(स्वगत)* मित्र समान और मित्र में अंतर
है, सीज़र. बहुत दुःख है मुझे.

(सब जाते हैं.)

दृश्य ३

रोम. दुर्ग प्राचीर के निकट मार्ग.
(आर्तेमिडोरस आता है. वह एक पत्र पढ़ रहा है.)

आर्तेमिडोरस सीज़र, ब्रूटस से सावधान. कैसियस से बच. कास्का को रख दूर. सिन्ना पर रहे नज़र. ट्रेबोनियस पर भरोसा मत कर. मेटेलस सिंबर को पहचान. डीसियस ब्रूटस नहीं है तेरा हितैषी. कायस लिगारियस को तू ने पहुँचाई थी चोट. इन सब का एक ही नारा है: 'सीज़र को हटाओ.' अमर नहीं है तू. सावधान. भीतर ही भीतर चल रहा है षड्यंत्र.

तेरा शुभ चिंतक --आर्तेमिडोरस

यहाँ ही खड़ा हो जाता हूँ. सीज़र

And as a suitor will I give him this.
My heart laments that virtue cannot live
Out of the teeth of emulation.
If thou read this, O Caesar, thou mayst live:
If not, the Fates with traitors do contrive.

(Exit.)

SCENE IV

Another part of the same street, before the house of BRUTUS.
(Enter PORTIA and LUCIUS.)

PORTIA I prithee, boy, run to the senate-house;
Stay not to answer me, but get thee gone:
Why dost thou stay?
LUCIUS To know my errand, madam.
PORTIA I would have had thee there, and here again,
Ere I can tell thee what thou shouldst do there.
O constancy, be strong upon my side,
Set a huge mountain 'tween my heart and tongue!
I have a man's mind, but a woman's might.
How hard it is for women to keep counsel!
Art thou here yet?
LUCIUS Madam, what should I do?
Run to the Capitol, and nothing else?
And so return to you, and nothing else?
PORTIA Yes, bring me word, boy, if thy lord look well,
For he went sickly forth: and take good note
What Caesar doth, what suitors press to him.
Hark, boy! what noise is that?
LUCIUS I hear none, madam.
PORTIA Prithee, listen well;
I heard a bustling rumour, like a fray,

आएगा तो यह रुक्का आवेदन
की तरह पकड़ा दूँगा. क्यों नहीं
देख पाते संसारी जन किसी का
उत्थान? पढ़ ले जो सीज़र तो बच
जाएगी तेरी जान, न पढ़ पाया--
तो भाग्य है द्रोह के साथ.

(जाता है.)

दृश्य ४

उसी मार्ग का एक अन्य भाग, ब्रूटस के घर के बाहर.
(पोर्शिया और लूसियस आते हैं.)

पोर्शिया दास, जा. संसद भवन तक हो आ.
जा, जल्दी जा. गया क्यों नहीं अभी तक?

लूसियस पूछना है--क्या करना होगा, देवी?

पोर्शिया मेरा मुँह मत ताक. दौड़ कर जा, फुर्र से आ.
(स्वगत) धीरज, मेरा साथ मत छोड़. मेरे मन
और जीभ के बीच खड़ा कर दे पहाड़.
मन तो मेरा पुरुषों सरीखा है,
पर मनोबल? नारी सरीखा! कितना
कठिन है औरतों को पेट की बात
पेट में पचाना. *(लूसियस से)* अरे, अभी
तक तू गया नहीं!

लूसियस बस इतना आदेश है? दौड़ कर
जाना और आना? करना कुछ नहीं?

पोर्शिया लौट कर बता--स्वामी ठीक हैं? गए
थे तो कुछ ढीले से थे... हाँ! यह भी
ध्यान से देखना--सीज़र क्या कर रहे
हैं? कौन कौन प्रार्थी हैं उन के पास जा.
यह शोर... कैसा?

लूसियस कहाँ?

पोर्शिया यह भनभनाहट सी

And the wind brings it from the Capitol.

LUCIUS Sooth, madam, I hear nothing.

(Enter the Soothsayer.)

PORTIA Come hither, fellow: which way hast thou been?

Soothsayer At mine own house, good lady.

PORTIA What is't o'clock?

Soothsayer About the ninth hour, lady.

PORTIA Is Caesar yet gone to the Capitol?

Soothsayer Madam, not yet: I go to take my stand,
To see him pass on to the Capitol.

PORTIA Thou hast some suit to Caesar, hast thou not?

Soothsayer That I have, lady: if it will please Caesar
To be so good to Caesar as to hear me,
I shall beseech him to befriend himself.

PORTIA Why, know'st thou any harm's intended towards him?

Soothsayer None that I know will be, much that I fear may chance.
Good morrow to you. Here the street is narrow:
The throng that follows Caesar at the heels,
Of senators, of praetors, common suitors,
Will crowd a feeble man almost to death:
I'll get me to a place more void, and there
Speak to great Caesar as he comes along.

(Exit.)

PORTIA I must go in. Ay me, how weak a thing
The heart of woman is! O Brutus,
The heavens speed thee in thine enterprise!
Sure, the boy heard me: Brutus hath a suit
That Caesar will not grant. O, I grow faint.
Run, Lucius, and commend me to my lord;
Say I am merry: come to me again,
And bring me word what he doth say to thee.

(Exeunt severally.)

दूर, दुर्ग की ओर.

लूसियस देवी, कुछ भी नहीं.

(त्रिकालज्ञ आता है.)

पोर्शिया कहाँ से आ रहे हैं आप?

त्रिकालज्ञ घर से.

पोर्शिया क्या बजा है?

त्रिकालज्ञ लगभग नौ.

पोर्शिया सीज़र संसद गए क्या?

त्रिकालज्ञ नहीं तो. उन्हें देखने निकला हूँ.

पोर्शिया कोई आवेदन देना है उन्हें क्या?

त्रिकालज्ञ कहना है--सावधान रहें मित्रों से.

पोर्शिया क्यों? कुछ होने वाला है सीज़र को?

त्रिकालज्ञ डर है--कुछ हो कर रहेगा. अच्छा!
नमस्कार. चलूँ. यहाँ गली तंग
है. सीज़र के साथ चलती है बड़ी
भीड़--सांसद, प्रार्थी, छोटे बड़े लोग,
आवेदक. भीड़ में भुरकुस बन जाएगी
यह काया. खुला मार्ग तलाशूँगा.
मुझे सीज़र से कहना है:
'सावधान! सीज़र, सावधान!'

(त्रिकालज्ञ जाता है.)

पोर्शिया चलूँ. मैं भी भीतर चलूँ. कितना
कच्चा होता है--नारी, तेरा मन!
प्रिय ब्रूटस, आप का कारज सफल हो!
(स्वगत) कहीं लूसियस ने सुन तो नहीं ली
मेरी मंगल कामना? *(लूसियस से)* तेरे स्वामी
को करनी है सीज़र से कुछ याचना.
क्या पता सीज़र स्वीकार करेंगे
या नहीं? *(स्वगत)* शिथिल हो रहे हैं गात.
(लूसियस से) लूसियस, जा! जा! दौड़ कर
जा. जा, स्वामी को बता--ठीक हूँ मैं.

(दोनों अलग अलग दिशा में जाते हैं.)

ACT III

SCENE I

Rome. Before the Capitol; the Senate sitting above.

(A crowd of people; among them ARTEMIDORUS and the Soothsayer. Flourish. Enter CAESAR, BRUTUS, CASSIUS, CASCA, DECIUS BRUTUS, METELLUS CIMBER, TREBONIUS, CINNA, ANTONY, LEPIDUS, POPILIUS, PUBLIUS, and others.)

CAESAR The ides of March are come.

Soothsayer Ay, Caesar; but not gone.

ARTEMIDORUS Hail, Caesar! read this schedule.

DECIUS BRUTUS Trebonius doth desire you to o'erread,
At your best leisure, this his humble suit.

ARTEMIDORUS O Caesar, read mine first; for mine's a suit
That touches Caesar nearer: read it, great Caesar.

CAESAR What touches us ourself shall be last served.

ARTEMIDORUS Delay not, Caesar; read it instantly.

CAESAR What, is the fellow mad?

PUBLIUS Sirrah, give place.

CASSIUS What, urge you your petitions in the street?
Come to the Capitol.

(CAESAR goes up to the Senate House, the rest following.)

POPILIUS I wish your enterprise to-day may thrive.

CASSIUS What enterprise, Popilius?

POPILIUS Fare you well.

(Advances to CAESAR.)

BRUTUS What said Popilius Lena?

अंक ३

दृश्य १

रोम. संसद के बाहर.

(भीड़, भीड़ में हैं आर्तेमिडोरस और त्रिकालज्ञ. क्षूर्यनाद. सीज़र, ब्रूटस, कैसियस, कास्का, डीसियस ब्रूटस, मेटेलस सिंबर, ट्रेबोनियस, सिन्ना, एंटनी, लेपीडस, पोपीलियस, पबलियस तथा अन्य आते हैं.)

सीज़र *(त्रिकालज्ञ से)* आ गया मार्च का मध्य!

त्रिकालज्ञ हाँ, सीज़र. अभी गया नहीं.

आर्तेमिडोरस सीज़र की जय हो! आवेदन पढ़ लें.

डीसियस यह विनम्र आवेदन ट्रेबोनियस
की ओर से है. सुविधा से पढ़ लें.

आर्तेमिडोरस पहले मेरा आवेदन लें. इस का
संबंध आप से है. अभी पढ़ लें.

सीज़र हमारी बात है? तो सब के बाद.

आर्तेमिडोरस देर न करें. अभी पढ़ लें इसे.

सीज़र पागल है क्या यह!

पबलियस चल, दूर हट!

सीज़र यूँ राह में मत थमाइए अपने
आवेदन. भीतर संसद में चलें...

(सीज़र के साथ सब संसद में जाते हैं.)

पोपीलियस *(कैसियस से)* आप का कारज सफल हो!

कैसियस क्कौन... कौन सा कारज?

पोपीलियस अच्छा! तो भला हो!

(सीज़र के पास जाता है.)

ब्रूटस क्या कह रहा था पोपीलियस?

CASSIUS He wish'd to-day our enterprise might thrive.
I fear our purpose is discovered.

BRUTUS Look, how he makes to Caesar; mark him.

CASSIUS Casca, be sudden, for we fear prevention.
Brutus, what shall be done? If this be known,
Cassius or Caesar never shall turn back,
For I will slay myself.

BRUTUS Cassius, be constant:
Popilius Lena speaks not of our purposes;
For, look, he smiles, and Caesar doth not change.

CASSIUS Trebonius knows his time; for, look you, Brutus.
He draws Mark Antony out of the way.

(Exeunt ANTONY and TREBONIUS.)

DECIUS BRUTUS Where is Metellus Cimber? Let him go,
And presently prefer his suit to Caesar.

BRUTUS He is address'd: press near and second him.

CINNA Casca, you are the first that rears your hand.

CAESAR Are we all ready? What is now amiss
That Caesar and his senate must redress?

METELLUS CIMBER Most high, most mighty, and most puissant Caesar,
Metellus Cimber throws before thy seat
An humble heart,--

(Kneeling.)

CAESAR I must prevent thee, Cimber.
These couchings and these lowly courtesies

कैसियस आप का कारज सफल हो!... भेद खुल गया
क्या हमारा?

ब्रूटस सीधा जा रहा है
सीज़र के पास. नज़र रखो उस पर.

कैसियस कास्का, जल्दी करो. डर है--हमें
धर न लिया जाए. ब्रूटस, अब
क्या करें? भेद खुल गया तो न
सीज़र हटेगा पीछे, न मैं.
मार डालूँगा मैं अपने को.

ब्रूटस धीरज धर,
कैसियस. देख--पोपीलियस
नहीं कर रहा है हमारी बात. दोनों
हँस रहे हैं. सीज़र निश्चिंत है.

कैसियस वाह ट्रेबोनियस!... ब्रूटस, देखो. ठीक
समय पर ले जा रहा है एंटनी
को संसद के बाहर.

(एंटनी और ट्रेबोनियस जाते हैं.)

डीसियस कहाँ है मेटेलस? आगे बढ़े.
सीज़र से विनती करे.

ब्रूटस तैयार है
वह. तुम भी बढ़ो. समर्थन करो.

सिन्ना कास्का, पहले वार के लिए तैयार.

सीज़र सब तैयार हैं? है किसी को कोई
कष्ट? सीज़र और संसद करेंगे दूर.

मेटेलस सिंबर सर्वोच्च! महाबली! महागुणी!
महाकुलपति! सीज़र महाराज!
मैं, मेटेलस, आप के चरणों में यूँ
झुकता हूँ, पड़ता हूँ...

(झुकता है.)

सीज़र क्या बकवास
है! यह नहीं चलेगा--यह झुकना!
यह चरण छूना! इस से ख़ुश होते

Might fire the blood of ordinary men,
And turn pre-ordinance and first decree
Into the law of children. Be not fond,
To think that Caesar bears such rebel blood
That will be thaw'd from the true quality
With that which melteth fools; I mean, sweet words,
Low-crooked court'sies and base spaniel-fawning.
Thy brother by decree is banished:
If thou dost bend and pray and fawn for him,
I spurn thee like a cur out of my way.
Know, Caesar doth not wrong, nor without cause
Will he be satisfied.

METELLUS CIMBER Is there no voice more worthy than my own
To sound more sweetly in great Caesar's ear
For the repealing of my banish'd brother?

BRUTUS I kiss thy hand, but not in flattery, Caesar;
Desiring thee that Publius Cimber may
Have an immediate freedom of repeal.

CAESAR What, Brutus!

CASSIUS Pardon, Caesar; Caesar, pardon:
As low as to thy foot doth Cassius fall,
To beg enfranchisement for Publius Cimber.

CAESAR I could be well moved, if I were as you:
If I could pray to move, prayers would move me:
But I am constant as the northern star,
Of whose true-fix'd and resting quality
There is no fellow in the firmament.
The skies are painted with unnumber'd sparks,
They are all fire and every one doth shine,
But there's but one in all doth hold his place:
So in the world; 'tis furnish'd well with men,
And men are flesh and blood, and apprehensive;
Yet in the number I do know but one
That unassailable holds on his rank,
Unshaked of motion: and that I am he,
Let me a little show it, even in this;
That I was constant Cimber should be
banish'd,

होंगे साधारण जन. परंपरा,
व्यवहार, न्याय--इस से बन जाते हैं
बच्चों के खेल! मत समझो यूँ पिघल
जाएगा सीज़र मीठी बातें से.
कुछ नहीं होगा झुकने से, पिल्लों
सा पिनपिनाने से. तुम्हारे भाई
को दिया गया था देश निकाला
न्याय की कसौटी पर. उस के लिए
बेकार है यह झुकना, गिड़गिड़ाना.
सीज़र करता नहीं अन्याय.
अकारण बदलता नहीं निर्णय.

मेटेलस सिंबर है कोई माई का लाल, आगे
आए, सीज़र को समझाए, मेरे
भाई को क्षमा दिलवाए?

ब्रूटस मैं चूमता
हूँ सीज़र का हाथ, गिड़गिड़ा कर
नहीं. सीज़र, दे दो क्षमा का दान.

सीज़र क्या! ब्रूटस!

कैसियस दया! सीज़र! सीज़र,
दया! चरणों में गिरता हूँ मैं भी.

सीज़र तुम जैसा होता तो पसीजता मैं.
न करता हूँ, न करवाता हूँ मैं
ख़ुशामद! अटल हूँ मैं ध्रुव तारे
सा, विजड़ित, अविचल, निर्विकार.
आकाश में चित्रित हैं अनगिन खद्योत.
सब घूमते हैं जिस के चारों ओर
वह ध्रुव तारा है--अडिग, अटल,
अकेला, परिवर्तनहीन. धरती
पर हँसते गाते रोते रहते हैं
लोग. डरते हैं, गिड़गिड़ाते हैं लोग.
उन में बस एक मैं हूँ न्याय पर अडिग,
अटल, परिवर्तनहीन. तुम जानते हो
सही था सिंबर को देशनिकाला.

And constant do remain to keep him so.

CINNA O Caesar,--

CAESAR Hence! wilt thou lift up Olympus?

DECIUS BRUTUS Great Caesar,--

CAESAR Doth not Brutus bootless kneel?

CASCA Speak, hands for me!

(CASCA first, then the other Conspirators and BRUTUS stab CAESAR.)

CAESAR *Et tu, Brute!* -- Then fall, Caesar!

(Dies.)

CINNA Liberty! Freedom! Tyranny is dead!
Run hence, proclaim, cry it about the streets.

CASSIUS Some to the common pulpits, and cry out
'Liberty, freedom, and enfranchisement!'

BRUTUS People and senators, be not affrighted;
Fly not; stand stiff: ambition's debt is paid.

CASCA Go to the pulpit, Brutus.

DECIUS BRUTUS And Cassius too.

BRUTUS Where's Publius?

CINNA Here, quite confounded with this mutiny.

METELLUS CIMBER Stand fast together, lest some friend of Caesar's
Should chance--

BRUTUS Talk not of standing. Publius, good cheer;
There is no harm intended to your person,
Nor to no Roman else: so tell them, Publius.

CASSIUS And leave us, Publius; lest that the people,

अटल हूँ अब भी मैं न्याय पर.

सिन्ना सीज़र!

सीज़र डिगाया चाहते हो ओलिंपस पहाड़!

डीसियस सीज़र महान.

सीज़र डीसियस, निष्फल है झुकना.

कास्का तो बोल, मेरी तलवार!

(पहले कास्का, फिर अन्य षड्यंत्रकारी और ब्रूटस सीज़र को तलवारें घोंपते हैं.)

सीज़र यह तू, ब्रूट! गिर जा, सीज़र!

(सीज़र मरता है.)

सिन्ना मुक्ति! स्वराज्य! मर गया आतंक!
दौड़ो. घोषित कर दो सब सड़कों पर,

कास्का मंचों पर चढ़ो, नारे लगाओ:
मुक्ति! स्वराज्य! नागरिक अधिकार!

ब्रूटस भाइयो, सांसदो, डरो मत आप.
भागो मत... सम्राटी सपने--सब
चकनाचूर...

कास्का ब्रूटस, जल्दी करो.
जनमंच सँभालो...

डीसियस कैसियस भी.

ब्रूटस कहाँ हैं पबलियस?

सिन्ना यह रहे---यहाँ
बलवे से बदहाल.

मेटेलस सिंबर सब एक साथ रहो.
कहीं कोई साथी सीज़र का...

ब्रूटस खड़े रहने का समय नहीं है.
होश सँभालो, पबलियस. अब निरापद
हैं आप. निरापद हैं रोम के लोग. अब कुछ
नहीं बिगाड़ सकता कोई किसी
का. जाइए, सुना दीजिए सब
को समाचार.

कैसियस हम से दूर ही रहें.
आप बूढ़े हैं. हमारे साथ आप भी

Rushing on us, should do your age some mischief.

BRUTUS Do so: and let no man abide this deed,
But we the doers.

(Re-enter TREBONIUS.)

CASSIUS Where is Antony?

TREBONIUS Fled to his house amazed:
Men, wives and children stare, cry out and run
As it were doomsday.

BRUTUS Fates, we will know your pleasures:
That we shall die, we know; 'tis but the time
And drawing days out, that men stand upon.

CASSIUS Why, he that cuts off twenty years of life
Cuts off so many years of fearing death.

BRUTUS Grant that, and then is death a benefit:
So are we Caesar's friends, that have abridged
His time of fearing death. Stoop, Romans, stoop,
And let us bathe our hands in Caesar's blood
Up to the elbows, and besmear our swords:
Then walk we forth, even to the market-place,
And, waving our red weapons o'er our heads,
Let's all cry 'Peace, freedom and liberty!'

CASSIUS Stoop, then, and wash. How many ages hence
Shall this our lofty scene be acted over
In states unborn and accents yet unknown!

न आ जाएँ बलवे की चपेट में.

ब्रूटस यही करें आप. करनी हमारी
हैं. हम ही भरेंगे इस का परिणाम.

(ट्रेबोनियस लौट कर आता है.)

कैसियस कहाँ है एंटनी?

ट्रेबानियस भाग गया घर--
बदहवास. कोहराम मचा है पूरे
नगर में. नर, नारी, बच्चे, बूढ़े--
भाग रहे हैं दिशाहीन. मानो, सिर
पर मँडरा रहा है महाकाल.

ब्रूटस अभी पता चल जाएगा नियति
का निर्णय. हो कर रहती है होनी.
एक दिन मरना है सब को. जीवन भर
सब काटते हैं दिन, गिनते हैं दिन.

कास्का सच है. मौत से बीस वर्ष पहले मार
देना किसी को--मतलब है मौत के
भय से कर देना मुक्त...

ब्रूटस यूँ देखो तो
वरदान है मृत्यु. सच्चे मित्र
हैं हम सीज़र के. संक्षिप्त कर दिया
हम ने उस का मृत्यु से भय का काल.
रोमनो! झुको! सीज़र के लहू से
धो लें हम कोहनी तक हाथ. लाल कर लें
सब तलवारें. हम सब निकलेंगे रोम
की सड़कों पर, लहराएँगे तलवार,
लगाएँगे नारे--
शांति! मुक्ति! फिर से स्वराज्य!

कैसियस आइए, हम झुकें. भावी सम्राट
के नाश में सब शामिल हों.
जाने कितने युगों तक
यह महान दृश्य दोहराएँगे लोग
अजन्मे राज्यों में, अनजानी
भाषा में...

BRUTUS How many times shall Caesar bleed in sport,
That now on Pompey's basis lies along
No worthier than the dust!

CASSIUS So oft as that shall be,
So often shall the knot of us be call'd
The men that gave their country liberty.

DECIUS BRUTUS What, shall we forth?

CASSIUS Ay, every man away:
Brutus shall lead; and we will grace his heels
With the most boldest and best hearts of Rome.

(Enter a Servant.)

BRUTUS Soft! who comes here? A friend of Antony's.

Servant Thus, Brutus, did my master bid me kneel:
Thus did Mark Antony bid me fall down;
And, being prostrate, thus he bade me say:
Brutus is noble, wise, valiant, and honest;
Caesar was mighty, bold, royal, and loving:
Say I love Brutus, and I honour him;
Say I fear'd Caesar, honour'd him and loved him.
If Brutus will vouchsafe that Antony
May safely come to him, and be resolved

ब्रूटस खेल तमाशों में
जाने कितनी बार बहेगा सीज़र
का लहू. छूना चाहता था आकाश,
अब पड़ा है धरती पर माटी सा,
पोंपेई की प्रतिमा के नीचे.

कैसियस जितनी बार खेला जाएगा यह खेल,
उतनी ही बार लोग कहेंगे--हमीं
ने दिलवाई थी देश को आज़ादी.

डीसियस तो अब चलें?

कैसियस हाँ, सब के सब. नए
नायक ब्रूटस के पीछे चलेंगे हम
सब--रोमन गण के लाड़ले वीर सपूत

(एक सेवक आता है.)

ब्रूटस ठहरो! कौन आया? एंटनी का साथी.

सेवक महानायक ब्रूटस, यूँ झुकने,
यूँ शीश नवाने का आदेश दिया
है स्वामी ने. कहा है धरती पर
गिर कर करना यूँ सादर प्रणाम.
कहना: महान हैं आदरणीय ब्रूटस.
गुणवान हैं, वीर हैं, नीति की खान हैं,
सत्यशील हैं ब्रूटस. और सीज़र थे
महाबली, साहस की मूरत थे.
राजा थे गुणों मे. मुझ पर कृपाल थे.
स्वामी ने यह भी कहा है. कहना:
नायक ब्रूटस का प्रशंसक हूँ
मैं भी. ग्राहक हूँ उन के गुणों का.
कहना: सीज़र से मैं डरता भी था,
आदर भी करता था उन का, मन से
चाहता भी था उन्हें. यदि महान
ब्रूटस आज्ञा दें, और वचन दें
जीवन की रक्षा का, तो स्वामी ने
कहा--वे स्वयं हाज़िर होंगे
आप के सामने. आप से सुनेंगे

How Caesar hath deserved to lie in death.
Mark Antony shall not love Caesar dead
So well as Brutus living; but will follow
The fortunes and affairs of noble Brutus
Thorough the hazards of this untrod state
With all true faith. So says my master
Antony.

BRUTUS Thy master is a wise and valiant Roman;
I never thought him worse.
Tell him, so please him come unto this
place,
He shall be satisfied; and, by my honour,
Depart untouch'd.

Servant I'll fetch him presently.

(Exit.)

BRUTUS I know that we shall have him well to friend.

CASSIUS I wish we may: but yet have I a mind
That fears him much; and my misgiving still
Falls shrewdly to the purpose.

BRUTUS But here comes Antony.

(Re-enter ANTONY.)

Welcome, Mark Antony.

ANTONY O mighty Caesar! dost thou lie so low?
Are all thy conquests, glories, triumphs,
spoils,
Shrunk to this little measure? Fare thee well.
I know not, gentlemen, what you intend,
Who else must be let blood, who else is
rank:
If I myself, there is no hour so fit
As Caesar's death hour, nor no instrument

वे--क्यों वध का पात्र था सीज़र.
त्याग देंगे मृत जूलियस सीज़र को,
साथ देंगे जीवित मार्क ब्रूटस का.
रोम के इतिहास में, अनिश्चय की
इस घड़ी में अनुपालन करेंगे
नए नायक का--तन, मन, वचन से.
यह था निवेदन जो मेरे स्वामी
एंटोनियस ने मेरे द्वारा
किया है आप से.

ब्रूटस विवेकी हैं वे,
गुणी हैं, वीर रोमन हैं. इस से कम
नहीं आँका उन्हें कभी मैं ने.
जाओ, दूत, उन से कह दो--स्वागत है
उन का. मेरा वचन है--अभयदान
है उन को. जैसे आएँगे वे यहाँ,
वैसे ही जाएँगे वे यहाँ से.

सेवक अभी ले आता हूँ उन्हें.

(जाता है.)

ब्रूटस मैं जानता था--आ मिलेगा हम से.

कैसियस ऐसा ही हो. पर शंकित हूँ मैं.
सच निकलती हैं शंकाएँ मेरी.

(एंटनी फिर आता है.)

ब्रूटस लो, आ गया, एंटनी.
स्वागत है, मार्क एंटनी.

एंटनी महाबली सीज़र! यूँ पड़ा है तू?
परंतप, तेरे अभियान, गुणगान,
जयकारे--सब सिमट गए इतने
में. विदा, मित्र, विदा, अलविदा...
सज्जनो, आप का मनोरथ क्या है?
और कौन हैं आप की सूची में? मैं भी
हूँ? तो हाज़िर है बंदा. सीज़र के
साथ चला जाऊँ--मुझ अकिंचन का
सौभाग्य इस से बढ़ कर क्या होगा?

Of half that worth as those your swords,
made rich
With the most noble blood of all this world.
I do beseech ye, if you bear me hard,
Now, whilst your purpled hands do reek and
smoke,
Fulfil your pleasure. Live a thousand years,
I shall not find myself so apt to die:
No place will please me so, no mean of death,
As here by Caesar, and by you cut off,
The choice and master spirits of this age.

BRUTUS O Antony, beg not your death of us.
Though now we must appear bloody and cruel,
As, by our hands and this our present act,
You see we do, yet see you but our hands
And this the bleeding business they have done:
Our hearts you see not; they are pitiful;
And pity to the general wrong of Rome--
As fire drives out fire, so pity pity--
Hath done this deed on Caesar. For your part,
To you our swords have leaden points, Mark
Antony:
Our arms, in strength of malice, and our
hearts
Of brothers' temper, do receive you in
With all kind love, good thoughts, and reverence.

CASSIUS Your voice shall be as strong as any man's
In the disposing of new dignities.

BRUTUS Only be patient till we have appeased
The multitude, beside themselves with fear,
And then we will deliver you the cause,
Why I, that did love Caesar when I struck him,
Have thus proceeded.

ANTONY I doubt not of your wisdom.
Let each man render me his bloody hand:
First, Marcus Brutus, will I shake with you;
Next, Caius Cassius, do I take your hand

महान हैं वे तलवारें जिन्हों ने
चखा है संसार का महानतम लहू,
घोंप दें वही आप मेरे सीने में.
अभी कर दीजिए आप अपने
ख़ूनी हाथों से मेरा काम तमाम.
यही चाहिए मुझे--सीज़र के
साथ मरूँ, आप के हाथ मरूँ. आप सब
ठहरे इस युग के महान उद्धारक!

ब्रूटस एंटनी, यूँ हम से मौत की भीख मत
माँग. माना हमारे हाथ हैं लाल,
देखने में लगते हैं हम हत्यारे.
हमारे हाथ मत देख, हमारे मन
में झाँक. हमारे मन में दया है.
रोमन गण के कष्टों से द्रवित हैं
हमारे मन. देश प्रेम की ख़ातिर
हमें करना पड़ा सीज़र पर वार.
पर, एंटनी, तेरे लिए खुट्टल
है हमारी तलवार की धार. हाथों
में तलवार सही, बाँहों
में स्वागत है तेरा--सादर, सप्रेम.

कैसियस नए शासन में, पदों के वितरण
में, हम लेंगे तुम से परामर्श.

ब्रूटस कुछ समय धीरज धरो. अशांत
है जन मन. शांत होने दो इस को.
फिर बैठेंगे, शांत मन से करेंगे
बात. सीज़र मनमीत था मेरा भी. क्या
किया मैं ने, क्यों किया मैं ने--अभी तुझ
को बताना है.

एंटनी जानता हूँ मैं आप
के मन की बात. आप सब बढ़ाइए
अपने रक्तरंजित हाथ. पहले मैं
मिलाऊँगा हाथ आप से, मार्कस ब्रूटस.
अब, कायस कैसियस, बढ़ाओ हाथ. अब,

Now, Decius Brutus, yours: now yours,
Metellus;
Yours, Cinna; and, my valiant Casca, yours;
Though last, not last in love, yours, good
Trebonius.
Gentlemen all,--alas, what shall I say?
My credit now stands on such slippery
ground,
That one of two bad ways you must conceit
me,
Either a coward or a flatterer.
That I did love thee, Caesar, O, 'tis true:
If then thy spirit look upon us now,
Shall it not grieve thee dearer than thy
death,
To see thy thy Anthony making his peace,
Shaking the bloody fingers of thy foes,
Most noble! in the presence of thy corse?
Had I as many eyes as thou hast wounds,
Weeping as fast as they stream forth thy
blood,
It would become me better than to close
In terms of friendship with thine enemies.
Pardon me, Julius! Here wast thou bay'd,
brave hart;
Here didst thou fall; and here thy hunters
stand,
Sign'd in thy spoil, and crimson'd in thy
lethe.
O world, thou wast the forest to this hart;
And this, indeed, O world, the heart of thee.
How like a deer, strucken by many princes,
Dost thou here lie!

जूलियस सीज़र

डीसियस. और तुम, मेटेलस. दो हाथ,
वीर शिरोमणि कास्का! और अब तुम,
ट्रेबोनियस, सब के बाद, लेकिन प्रेम में
सब से बढ़ कर... मित्रो, क्या कहूँ मैं?
आप सब हैं गणमान्य, प्रतिष्ठित.
मैं ठहरा प्रतिष्ठाहीन. दलदल में
धँसा हूँ मैं. आप समझेंगे मुझे--
कायर या चापलूस...
सच है, सीज़र, तू प्यारा था मुझे.
अब कहीं से देख सकती हो हमें
तेरी आत्मा--तो दर्द से फट
जाएगा तेरा कलेजा. सीज़र,
मैं समझ सकता हूँ तेरी पीड़ा.
तू सोचता होगा--तेरा एंटनी
जो मिला शत्रु से. देखो! मिला
रहा है उन के खूनी पंजों से
हाथ! और वह भी--तेरे शव के आगे!
सीज़र अच्छा तो यह था--जितने लगे
थे तेरे घाव, मेरे होतीं उतनी
आँखें, और उन सब से बहते खून के
आँसू. लेकिन मैं? धिक्कार है! मैं कर
रहा हूँ समझौता हत्यारों से.
क्षमा करना, सीज़र. यहाँ घेरा
गया था तुझे. यहाँ हुआ था
तेरा आखेट. यहाँ गिरा था तू.
यहाँ खड़े हैं तेरे शिकारी
तेरे ख़ून से लथपथ. संसार, तू था
इस हिरने का खुला मैदान. संसार, यह
था तेरे हिय का प्यारा हिरनौटा.
सचमुच, संसार, यह पड़ा है
तेरा हिया--हिरने सा बन कर इन
आखेटकों का शिकार.

CASSIUS Mark Antony,--

ANTONY Pardon me, Caius Cassius:
The enemies of Caesar shall say this;
Then, in a friend, it is cold modesty.

CASSIUS I blame you not for praising Caesar so;
But what compact mean you to have with us?
Will you be prick'd in number of our friends;
Or shall we on, and not depend on you?

ANTONY Therefore I took your hands, but was, indeed,
Sway'd from the point, by looking down on Caesar.
Friends am I with you all and love you all,
Upon this hope, that you shall give me reasons Why and wherein Caesar was dangerous.

BRUTUS Or else were this a savage spectacle:
Our reasons are so full of good regard
That were you, Antony, the son of Caesar,
You should be satisfied.

ANTONY That's all I seek:
And am moreover suitor that I may
Produce his body to the market-place;
And in the pulpit, as becomes a friend,
Speak in the order of his funeral.

BRUTUS You shall, Mark Antony.

CASSIUS Brutus, a word with you.

(Aside to BRUTUS.)

You know not what you do: do not consent
That Antony speak in his funeral:

कैसियस मार्क एंटनी.

एंटनी क्षमा करना, कायस कैसियस.
सीज़र के शत्रु भी यही कहते.
मैं था मित्र. ठीक था मेरे लिए
सीज़र का गुणगान...

कैसियस यहाँ तक ठीक है सीज़र का गुणगान.
पर बताएँ--कैसा समझौता
हम से चाहते हैं आप? आप को गिनें
हम अपने मित्रों में, या... ?

एंटनी इसी लिए
तो मैं ने आप सब से मिलाए थे
हाथ. बस, बह गया आवेश में, देखा
जो सीज़र को. मित्रो, मैं आप के
साथ हूँ. आप का स्नेही हूँ. मेरी है
एक शर्त--बताएँगे आप मुझे
सीज़र भयानक क्यों था, कैसे था?
उस का वध आवश्यक क्यों था?

ब्रूटस वरना
हमारा किया माना जाएगा करतूत.
सबल है हमारा आधार. यदि
तू सीज़र का पूत आक्टेवियस भी
होता, तो सुन कर हमारी बात
हो जाता सहमत...

एंटनी यही चाहता हूँ
मैं. एक और विनती है--ले जाने दें
मुझे सीज़र का शव नगर चौक. मित्र के
नाते संस्कार में बोलने दें मुझे.

ब्रूटस ऐसा ही होगा, मार्क एंटनी.

कैसियस एक पल
सुनिए मेरी बात...

(ब्रूटस से अलग.)

आप नहीं जानते किस बला को न्योत
रहे हैं आप. मत करने दें उसे

Know you how much the people may be moved
By that which he will utter?

BRUTUS By your pardon;
I will myself into the pulpit first,
And show the reason of our Caesar's death:
What Antony shall speak, I will protest
He speaks by leave and by permission,
And that we are contented Caesar shall
Have all true rites and lawful ceremonies.
It shall advantage more than do us wrong.

CASSIUS I know not what may fall; I like it not.

BRUTUS Mark Antony, here, take you Caesar's body.
You shall not in your funeral speech blame us,
But speak all good you can devise of Caesar,
And say you do't by our permission;
Else shall you not have any hand at all
About his funeral: and you shall speak
In the same pulpit whereto I am going,
After my speech is ended.

ANTONY Be it so.
I do desire no more.

BRUTUS Prepare the body then, and follow us.

(Exeunt all but ANTONY.)

ANTONY O, pardon me, thou bleeding piece of earth,
That I am meek and gentle with these butchers!
Thou art the ruins of the noblest man
That ever lived in the tide of times.
Woe to the hand that shed this costly blood!
Over thy wounds now do I prophesy,--
Which, like dumb mouths, do ope their ruby lips,

सीज़र का गुणगान. भड़क सकती है
उस के भाषण से आग.

ब्रूटस क्षमा करें,
पहले बोलूँगा मैं. समझा दूँगा--
क्यों मरना पड़ा हमारे सीज़र
को. कहूँगा--देखिए, अब भी दे
रहे हैं हम सीज़र को मान. इसी
लिए छूट है एंटनी को--खुल कर
करे सीज़र का गुणगान. बढ़ेगी
इस से हमारी साख.

कैसियस देख लें आप.
मुझे डर है--क्या पता क्या हो!

ब्रूटस तो,
मार्क एंटनी, लें सीज़र का शव.
खुल कर करें सीज़र का गुणगान. हाँ,
नहीं देंगे आप हमें कोई दोष.
और बता दें हमारी कृपा से
बोल रहे हैं आप. वरना सीज़र के
संस्कार से दूर रहेंगे आप... और, हाँ,
पहले बोलूँगा मैं, मेरे बाद आप.

एंटनी बस, नहीं चाहता मैं कुछ और.

ब्रूटस तो ताबूत बनवाइए आप.
हमारे पीछे ले आइए आप.

(सब जाते हैं. मंच पर एंटनी रह जाता है.)

एंटनी क्षमा, ओ रुधिर बहाती माटी,
क्षमा, जो मैं झुका हत्यारों के
आगे. साधारण माटी नहीं है
तू. भवसागर के उत्ताल ज्वार ने जो
महानतम मानव जन्मा, तू उस नर
पुंगव की थाती है. पछताएँगे
वे हाथ, उठे जो तेरी काया पर.
तेरे ये घाव... नहीं, ये घाव नहीं
हैं... लाल अधर हैं रक्त कमल से.

To beg the voice and utterance of my tongue--
A curse shall light upon the limbs of men;
Domestic fury and fierce civil strife
Shall cumber all the parts of Italy;
Blood and destruction shall be so in use
And dreadful objects so familiar
That mothers shall but smile when they behold
Their infants quarter'd with the hands of war;
All pity choked with custom of fell deeds:
And Caesar's spirit, ranging for revenge,
With Ate by his side come hot from hell,
Shall in these confines with a monarch's voice
Cry 'Havoc,' and let slip the dogs of war;
That this foul deed shall smell above the earth
With carrion men, groaning for burial.

(Enter a Servant.)

You serve Octavius Caesar, do you not?

Servant I do, Mark Antony.

ANTONY Caesar did write for him to come to Rome.

Servant He did receive his letters, and is coming;
And bid me say to you by word of mouth--

(Seeing the body.)

O Caesar!--

ANTONY Thy heart is big, get thee apart and weep.
Passion, I see, is catching; for mine eyes,
Seeing those beads of sorrow stand in thine,
Began to water. Is thy master coming?

Servant He lies to-night within seven leagues of Rome.

ANTONY Post back with speed, and tell him what hath chanced:
Here is a mourning Rome, a dangerous Rome,
No Rome of safety for Octavius yet;
Hie hence, and tell him so. Yet, stay awhile;

ये माँग रहे हैं मेरी वाणी.
सुनो, दिशाओ, मानव अंगों पर
गाज गिरेगी. कुटिल काल का नर्तन
होगा. नगर नगर में कलह
मचेगी. धू धू सारा देश जलेगा.
इतना अत्याचार बढ़ेगा, पुत्रों
के तत्काल मरण की मन्नत माँएँ
माँगेंगी. इस धरती की छाती को
सीज़र का भूत दलेगा, गिन गिन कर
सब से बदले लेगा. रणदेवी के
साथ हँसेगा. इतनी लोथें बिखरेंगी
धरती पर... नहीं बचेगा कोई
धूल डालने वाला... .

(एक सेवक आता है.)

कौन? तुम तो आक्टेवियस के सेवक हो?

सेवक जी, हाँ, मार्क एंटनी.

एंटनी सीज़र ने उन्हें बुलाया था.

सेवक आदेश मिला था. स्वामी बढ़े आ
रहे हैं. लाया हूँ उन का संदेश...

(शव देखता है.)

अरे! सीज़र! कुलनायक!

एंटनी विशाल है तेरा मन. रोना है, तो
हट कर रो. छूत की तरह फैलता है
अवसाद. तेरी आँखों के मोतियों
से भर आईं मेरी भी आँखें... कब
आएँगे तेरे स्वामी?

सेवक आज रात वे
रोम नगरी से सात कोस पर होंगे.

एंटनी तुरंत दौड़ जा वापस. जा, बता
दे यहाँ जो कुछ हुआ है. शोकमग्न
है रोम! आक्टेवियस के लिए
अभी तक निरापद नहीं है रोम.
जा, जा कर बता दे... ठहर. अभी

Thou shalt not back till I have borne this
corse
Into the market-place: there shall I try
In my oration, how the people take
The cruel issue of these bloody men;
According to the which, thou shalt discourse
To young Octavius of the state of things.
Lend me your hand.

(Exeunt with CAESAR's body.)

SCENE II

The Forum.

(Enter BRUTUS and CASSIUS, and a throng of Citizens.)

Plebians We will be satisfied; let us be satisfied.

BRUTUS Then follow me, and give me audience,
friends.
Cassius, go you into the other street,
And part the numbers.
Those that will hear me speak, let 'em stay
here;
Those that will follow Cassius, go with him;
And public reasons shall be rendered
Of Caesar's death.

First Plebian I will hear Brutus speak.

Second Plebian I will hear Cassius; and compare their
reasons,
When severally we hear them rendered.

(Exit CASSIUS, with some of the Citizens. BRUTUS goes into the pulpit.)

Third Plebian The noble Brutus is ascended: silence!

BRUTUS Be patient till the last.
Romans, countrymen, and lovers!
Hear me for my cause, and be silent, that you may hear: believe me for mine honour, and have respect to mine honour, that you may believe:

जूलियस सीज़र

मत जा. नगर चौक तक चल मेरे
साथ. देखते हैं--क्या होता है?
मेरे भाषण के बाद जनता इन हत्यारों
का क्या करती है? तभी जा कर तू
आक्टेवियस को बताना सब हाल.
तब तक तू बँटा मेरा हाथ.

(सीज़र का शव ले कर जाते हैं.)

दृश्य २

जनमंच.

(ब्रूटस और कैसियस आते हैं. उन के पीछे नगरजनों की भीड़.)

सब नगरजन हम जवाब चाहते हैं. जवाब दो. जवाब दो.

ब्रूटस तो आओ मेरे साथ... मित्रो, सुनो
मेरी बात... कैसियस, इन में से
कुछ को आप ले जाएँ उस गली में.
जो सुनना चाहें मुझे, वे यहाँ
रहें. आप में से कुछ चले जाएँ
कैसियस के साथ. हम बतलाएँगे आप
को--क्यों मरा हमारा सीज़र.

पहला नगरजन मैं ब्रूटस को सुनूँगा.

दूसरा नगरजन मैं कैसियस को सुनूँगा. देखें दोनों क्या कहते हैं.

(कुछ नगरजनों के साथ कैसियस चला जाता है.)

(ब्रूटस मंच पर जाता है.)

तीसरा नगरजन ब्रूटस मंच पर पहुँच गए हैं. शांत, सब शांत!

ब्रूटस धैर्य से सुनिए मेरी पूरी बात.
रोमनो, देशवासियो, मेरे चाहने वालो!
सुनिए. मैं बताता हूँ आप को सारी बात. शांत रहिए.
तभी सुन सकेंगे आप मेरी बात. विश्वास कीजिए
मेरा, मेरी मर्यादा का. भरोसा रखिए मुझ पर, मेरी
साख पर, मेरे मानसम्मान पर. आप को

censure me in your wisdom, and awake your senses, that you may the better judge.

If there be any in this assembly, any dear friend of Caesar's, to him I say, that Brutus' love to Caesar was no less than his. If then that friend demand why Brutus rose against Caesar, this is my answer: --Not that I loved Caesar less, but that I loved Rome more. Had you rather Caesar were living and die all slaves, than that Caesar were dead, to live all free men?

As Caesar loved me, I weep for him; as he was fortunate, I rejoice at it; as he was valiant, I honour him: but, as he was ambitious, I slew him. There is tears for his love; joy for his fortune; honour for his valour; and death for his ambition.

Who is here so base that would be a bondman? If any, speak; for him have I offended. Who is here so rude that would not be a Roman? If any, speak; for him have I offended. Who is here so vile that will not love his country? If any, speak; for him have I offended. I pause for a reply.

All None, Brutus, none.

तभी विश्वास होगा मेरी बात पर. अपने विवेक से परखिए मुझे. जगाइए अपनी बुद्धि को. सोचिए, समझिए. फिर कीजिए फ़ैसला.
है कोई इस सभा में सीज़र को चाहने वाला, उस का हितैषी? मैं कहूँगा उस से--मैं, ब्रूटस, किसी से कम नहीं चाहता था सीज़र को. उस मित्र को अधिकार है, पूरा अधिकार है कि मुझ से पूछेः 'ब्रूटस, तू क्यों उठा सीज़र के ख़िलाफ़.' तो यह है मेरी उत्तरः मुझे सीज़र से प्रेम कम न था. लेकिन रोम को अधिक चाहता था मैं. बोलिए, क्या चाहते आप? क्या आप चाहते कि सीज़र जीवित रहे और हम सब उस के दास बन कर मर जाएँ? या आप चाहते कि सीज़र मर जाए और हम सब आज़ादी के साथ सिर उठा कर जिएँ?
सीज़र मुझे चाहता था. इस के लिए मेरी आँखों में आँसू हैं. भाग्य सीज़र के साथ था. इस का हर्ष है मुझे. सीज़र वीर था. इस के लिए आदर से नतमस्तक हूँ मैं. सीज़र सत्ता का लालची था. इस के लिए मैं ने उसे मार डाला. आँसू हैं उस के प्रेम के लिए. हर्ष है उस के सौभाग्य के लिए. आदर है उस की वीरता है लिए. और मौत है उस के लालच के लिए.
है कोई इतना दीन, इतनी हीन, जो दास बन कर जीना चाहता हो? कोई है, तो बोले. मैं उस का अपराधी हूँ. है कोई इतना फूहड़, इतना अनाड़ी, जिसे अपनी आज़ादी से प्यार न हो? कोई है, तो बोले. मैं उस का अपराधी हूँ. है कोई इतना नीच, इतना कमीन जिसे देश से प्यार न हो? कोई है, तो बोले. मैं उस का अपराधी हूँ. मैं आप को पूरा अवसर देता हूँ. कोई है, तो उठे, यहाँ आए और बोले...

सब नगरजन नहीं है, कोई नहीं है.

BRUTUS Then none have I offended. I have done no more to Caesar than you shall do to Brutus. The question of his death is enrolled in the Capitol; his glory not extenuated, wherein he was worthy, nor his offences enforced, for which he suffered death.

(Enter ANTONY and others, with CAESAR's body.)

Here comes his body, mourned by Mark Antony: who, though he had no hand in his death, shall receive the benefit of his dying, a place in the commonwealth; as which of you shall not? With this I depart,--that, as I slew my best lover for the good of Rome, I have the same dagger for myself, when it shall please my country to need my death.

All Live, Brutus! live, live!

First Plebian Bring him with triumph home unto his house.

Second Plebian Give him a statue with his ancestors.

Third Plebian Let him be Caesar.

Fourth Plebian Caesar's better parts
Shall be crown'd in Brutus.

First Plebian We'll bring him to his house
With shouts and clamours.

BRUTUS My countrymen--

Second Plebian Peace, silence! Brutus speaks.

First Plebian Peace, ho!

BRUTUS Good countrymen, let me depart alone,

ब्रूटस तब मैं ने कोई अपराध नहीं किया. मैं ने वही किया सीज़र के साथ, जो आप मेरे साथ कर सकते हैं. सीज़र की मौत के कारण संसद की कार्रवाई में लिख दिए हैं हम ने. उस के जो गुण थे, वे भी लिख दिए हैं. उस की शान को, उस की आनबान को कम कर के नहीं बताया है हम ने. उस का वह पूरा अधिकारी था. कहीं उस के अपराधों को बढ़ा चढ़ा कर नहीं बताया है हम ने. उन का फल भोग चुका है वह.

(एंटनी और साथी सीज़र का शव लाते हैं.)

लीजिए. यह आ गया सीज़र का शव. सीज़र की मौत पर शोक प्रकट करेंगे एंटनी. सीज़र की मौत में ये हमारे साथ नहीं थे. पर हम ने तय किया है--सीज़र की मौत का लाभ इन्हें भी मिलेगा. नए शासन में इन्हें भी सम्मान मिलेगा, पूरा सम्मान मिलेगा, ऐसा सम्मान जिस से आप सब को ईर्ष्या हो सकती है... अब मैं आप से आज्ञा लेता हूँ. मैं ने मार डाला अपना मनमीत सीज़र--रोम के लिए, आप के लिए. रोम के लिए, अपने लिए, यही तलवार आप मेरे सीने में उतार सकते हैं.

सब नगरजन मार्क ब्रूटस अमर रहें!
अमर रहें! अमर रहें!

पहला नगरजन चलो, ब्रूटस की सवारी निकालें.

दूसरा नगरजन चलो, मूर्ति लगाएँ ब्रूटस की.

तीसरा नगरजन ब्रूटस को सीज़र बना दें.

चौथा नगरजन सीज़र के सभी सद्‌गुण विराजे हैं ब्रूटस में.

पहला नगरजन चलो. नारे लगाएँ. घर तक
मार्क ब्रूटस की सवारी निकालें.

ब्रूटस मेरे देशवासियो...

दूसरा नगरजन शांत. सब शांत. ब्रूटस बोल रहे हैं...

पहला नगरजन शांति! शांति!

ब्रूटस देशवासियो, अकेला ही जाने दें

And, for my sake, stay here with Antony:
Do grace to Caesar's corpse, and grace his speech
Tending to Caesar's glories; which Mark Antony,
By our permission, is allow'd to make.
I do entreat you, not a man depart,
Save I alone, till Antony have spoke.

(Exit.)

First Plebian Stay, ho! and let us hear Mark Antony.

Third Plebian Let him go up into the public chair;
We'll hear him. Noble Antony, go up.

ANTONY For Brutus' sake, I am beholding to you.

(Goes into the pulpit.)

Fourth Plebian What does he say of Brutus?

Third Plebian He says, for Brutus' sake,
He finds himself beholding to us all.

Fourth Plebian 'Twere best he speak no harm of Brutus here.

First Plebian This Caesar was a tyrant.

Third Plebian Nay, that's certain:
We are blest that Rome is rid of him.

Second Plebian Peace! let us hear what Antony can say.

ANTONY You gentle Romans--

Plebians Peace, ho! let us hear him.

ANTONY Friends, Romans, countrymen, lend me your ears;
I come to bury Caesar, not to praise him.
The evil that men do lives after them;
The good is oft interred with their bones:
So let it be with Caesar. The noble Brutus
Hath told you Caesar was ambitious:

मुझे. मेरी बात मानिए. अभी
यहीं ठहरें सब लोग एंटनी के
साथ. श्रद्धा सुमन अर्पित करें आप
जूलियस सीज़र को. सुनें सीज़र का
गुणगान. हम ने अनुमति दी है
एंटनी को. आप से निवेदन है...
कोई न हिले उस के भाषण
में. हाँ, आप मुझे चला जाने दें.

(जाता है.)

पहला नगरजन ठहरो, सुनो, एंटनी का भाषण.

तीसरा नगरजन जनमंच पर जाने दो उसे. हम सब
सुनेंगे, उस की बात... एंटनी, मंच
पर जाओ.

दूसरा नगरजन शांति! शांति! एंटनी को सुनो.

एंटनी श्री ब्रूटस की कृपा से आभारी
हूँ मैं आप का.

चौथा नगरजन ब्रूटस का क्या है?

तीसरा नगरजन कह रहा है--ब्रूटस की कृपा
से आभारी है हम सब का.

चौथा नगरजन ठीक! ब्रूटस की निंदा न करे वह.

पहला नगरजन अत्याचारी था सीज़र.

तीसरा नगरजन बिल्कुल. चलो, जान छूटी उस से.

एंटनी रोम के भले लोगो...

सब नगरजन शांत! सुनो, शांत!

एंटनी दोस्तो! रोमनो! देशवासियो!
सुनो मेरी बात... नहीं करना है
मुझे सीज़र का गुणगान. मैं आया हूँ
सीज़र को दफ़नाने. सभी सद्‌गुण
दफ़ना दिए जाते हैं आदमी के
साथ. अवगुण रह जाते हैं उस के बाद.
हाँ, यही सीज़र के साथ होने दो.
ब्रूटस महान का कहना है आप से--
सत्ता का लालची था सीज़र. था, तो

If it were so, it was a grievous fault,
And grievously hath Caesar answer'd it.
Here, under leave of Brutus and the rest--
For Brutus is an honourable man;
So are they all, all honourable men--
Come I to speak in Caesar's funeral.
He was my friend, faithful and just to me:
But Brutus says he was ambitious;
And Brutus is an honourable man.
He hath brought many captives home to
    Rome
Whose ransoms did the general coffers fill:
Did this in Caesar seem ambitious?
When that the poor have cried, Caesar hath
    wept:
Ambition should be made of sterner stuff:
Yet Brutus says he was ambitious;
And Brutus is an honourable man.
You all did see that on the Lupercal
I thrice presented him a kingly crown,
Which he did thrice refuse: was this
    ambition?
Yet Brutus says he was ambitious;
And, sure, he is an honourable man.
I speak not to disprove what Brutus spoke,
But here I am to speak what I do know.
You all did love him once, not without
    cause:
What cause withholds you then, to mourn
    for him?

जूलियस सीज़र

यह बड़ी भयानक भूल थी उस की.
बड़ा भयानक फल भुगता है भूल
का उस ने. ब्रूटस महान की कृपा
से, उन के साथियों की कृपा से,
मैं आया हूँ सीज़र के संस्कार में
बोलने. वह मेरा मित्र था.
कसौटी का सच्चा था. न्यायवान था.
ब्रूटस का कहना है--वह सत्ता का
लालची था. ब्रूटस ठहरे आदरणीय.
विजय यात्राओं में बार बार लाता
था सीज़र बंदीजन. मिलता था उन
की फिरौती से बेशुमार धन. उस
से भर जाता था हमारा गणकोश.
यही था उस का सत्ता का लालच?
ठेस लगती थी किसी निर्धन को, तो
रोता था सीज़र. सत्ता का लालची
क्या होता है कोमल? और ब्रूटस? वे
कहते हैं सीज़र लालची था सत्ता
का. ब्रूटस ठहरे परम आदरणीय.
आप सब ने देखा अपनी आँखों--
लूपरकल उत्सव में तीन बार दिया था
मैं ने मुकुट. ठुकरा दिया तीनों
बार सीज़र ने. क्या यही था उस का
सत्ता का लालच? इस पर भी ब्रूटस
कहते हैं सीज़र सत्ता का लालची
था. हाँ, हाँ. ब्रूटस ठहरे आदरणीय,
परम आदरणीय! ब्रूटस की बात
नहीं काट रहा हूँ मैं. वही कह
रहा हूँ मैं, जो जानता हूँ मैं. एक
समय था सीज़र को दिल से चाहते
थे आप. निराधार नहीं था आप का
प्रेम. फिर उस का शोक मनाने से क्यों
कतराते हैं आप? नष्ट हो गया

O judgment! thou art fled to brutish beasts,
And men have lost their reason. Bear with me;
My heart is in the coffin there with Caesar,
And I must pause till it come back to me.

First Plebian Methinks there is much reason in his sayings.

Second Plebian If thou consider rightly of the matter,
Caesar has had great wrong.

Third Plebian Has he, masters?
I fear there will a worse come in his place.

Fourth Plebian Mark'd ye his words? He would not take the crown;
Therefore 'tis certain he was not ambitious.

First Plebian If it be found so, some will dear abide it.

Second Plebian Poor soul! his eyes are red as fire with weeping.

Third Plebian There's not a nobler man in Rome than Antony.

Fourth Plebian Now mark him, he begins again to speak.

ANTONY But yesterday the word of Caesar might
Have stood against the world; now lies he there.
And none so poor to do him reverence.
O masters, if I were disposed to stir
Your hearts and minds to mutiny and rage,
I should do Brutus wrong, and Cassius wrong,
Who, you all know, are honourable men:
I will not do them wrong; I rather choose
To wrong the dead, to wrong myself and you,

है विवेक. खो गई है लाज शरम.
क्षमा करना, मित्रो, रुँध गया है
मेरा गला. भटक गया है मन
सीज़र के शव में. पलट आने दें
उसे...

पहला नगरजन इस की बातों में दम है...

दूसरा नगरजन पर
पूरी तरह सोचो विचारो, तो
सीज़र में बड़े खोट थे...

तीसरा नगरजन क्या खोट थे,
भला? उस की जगह जो बैठेगा
वह होगा क्या दूध का धुला?

चौथा नगरजन सुना
कुछ? सीज़र ने तीन बार ठुकरा दिया
था मुकुट. यह सच है, तो सत्ता का
लालची तो नहीं था सीज़र.

पहला नगरजन यह सच
है तो किसी न किसी को भोगना
पड़ेगा करतूत का फल...

दूसरा नगरजन देखो तो--
कैसे रो रहा है! देखो उस की
आँखें अंगारे सी लाल.

तीसरा नगरजन हाँ, एंटनी है रोमन
गणराज्य में सब से महान.

चौथा नगरजन सुनो,
अब फिर से बोल रहा है एंटनी.

एंटनी अभी कल तक सीज़र की वाणी से
थर थर काँपती थी धरती. आज धरती
पर मौन पड़ा है सीज़र. नहीं है
एक भी रोने वाला... आप स्वामी हैं.
आप को मैं भड़काऊँ, तो शामत आ
जाएगी ब्रूटस की, कैसियस की.
भाड़ में जाए सीज़र, मैं, आप सब रोमन!

Than I will wrong such honourable men.
But here's a parchment with the seal of Caesar;
I found it in his closet, 'tis his will:
Let but the commons hear this testament--
Which, pardon me, I do not mean to read--
And they would go and kiss dead Caesar's wounds
And dip their napkins in his sacred blood,
Yea, beg a hair of him for memory,
And, dying, mention it within their wills,
Bequeathing it as a rich legacy
Unto their issue.

Fourth Plebian We'll hear the will: read it, Mark Antony.

All The will, the will! we will hear Caesar's will.

ANTONY Have patience, gentle friends, I must not read it;
It is not meet you know how Caesar loved you.
You are not wood, you are not stones, but men;
And, being men, bearing the will of Caesar,
It will inflame you, it will make you mad:
'Tis good you know not that you are his heirs;
For, if you should, O, what would come of it!

Fourth Plebian Read the will; we'll hear it, Antony;
You shall read us the will, Caesar's will.

ANTONY Will you be patient? will you stay awhile?
I have o'ershot myself to tell you of it:
I fear I wrong the honourable men
Whose daggers have stabb'd Caesar; I do fear it.

न आने पाए ब्रूटस पर,
कैसियस पर आँच! ये दोनों
ठहरे परम आदरणीय!
यह देखते हैं आप? यह अभिलेख! इस पर
मुहर लगी है सीज़र की. मुझे
यह मिला था सीज़र के भवन में.
यह है--उस की वसीयत. आप क्षमा
करें--यह पढ़नी नहीं है मुझे.
यह सुन ली आप ने तो चूम लेंगे आप
सीज़र का एक एक घाव. पावन है उस का
लहू. इस लहू में डूबो लेंगे आप
रूमाल. माँगेंगे सीज़र के शीश का
एक, बस, एक बाल--पीढ़ी दर पीढ़ी
सौपने को अनमोल सौग़ात--
सीज़र की याद!

चौथा नगरजन सुनेंगे हम. वसीयत पढ़ो.

सब वसीयत! वसीयत! सीज़र की वसीयत.

एंटनी भले मानसो, मत पढ़वाओ मुझ
से वसीयत. अच्छा नहीं होगा
यह बताना--सीज़र को आप से प्रेम
था कितना. आप नहीं है काठ या
पत्थर. मानव हैं आप! मानव हैं आप!
सुन कर सीज़र की वसीयत, भड़क
जाएँगे आप. पगला जाएँगे आप.
भला इसी में है कि न जानें आप--
सीज़र के वारिस हैं आप. चल गया
जो पता--जाने कैसी प्रलय हो!

चौथा नगरजन वसीयत! हम सुनेंगे वसीयत!
पढ़ो सीज़र की वसयीत!

एंटनी रहने दो, मित्रो. विवश मत करो
मुझे. क्यों कर बैठा मैं वसीयत
की चर्चा? अपराधी हूँ मैं उन का
जो हैं आदरणीय, सीज़र के हत्यारे!

Fourth Plebian They were traitors: honourable men!

All The will! The testament!

Second Plebian They were villains, murderers! The will! Read the will.

ANTONY You will compel me, then, to read the will?
Then make a ring about the corpse of Caesar,
And let me show you him that made the will.
Shall I descend? and will you give me leave?

Several Plebians Come down.

Second Plebian Descend.

Third Plebian You shall have leave.

(ANTONY comes down.)

Fourth Plebian A ring; stand round.

First Plebian Stand from the hearse, stand from the body.

Second Plebian Room for Antony, most noble Antony.

ANTONY Nay, press not so upon me; stand far off.

Several Plebians Stand back; room; bear back.

ANTONY If you have tears, prepare to shed them now.
You all do know this mantle: I remember
The first time ever Caesar put it on;
'Twas on a summer's evening, in his tent,
That day he overcame the Nervii:
Look, in this place ran Cassius' dagger through:
See what a rent the envious Casca made:
Through this the well-beloved Brutus stabb'd;
And as he pluck'd his cursed steel away,
Mark how the blood of Caesar follow'd it,
As rushing out of doors, to be resolved
If Brutus so unkindly knock'd, or no;

चौथा नगरजन ग़द्दार कहीं के! परम आदरणीय!
सब नगरजन वसीयत! वसीयत! वसीयत!
दूसरा नगरजन मक्कार है वे! ख़ूनी हैं! हत्यारे!
वसीयत पढ़ो. वसीयत पढ़ो.
एंटनी नहीं मानेंगे आप? तो आइए
पहले हम सब दर्शन कर लें
दानवीर सीज़र के. उतर आऊँ मैं?
आने देंगे आप मुझे?
सब नगरजन आइए.
दूसरा नगरजन उतरिए.
(मंच से उतरता है.)
तीसरा नगरजन आइए... आइए...
चौथा नगरजन घेरा बना लो. घेरा बना लो.
पहला नगरजन ताबूत से दूर रहो. सीज़र से दूर.
दूसरा नगरजन रास्ता दो. एंटनी को रास्ता दो.
महान है एंटनी. महान है महान!
एंटनी ना! ना! यू मत धकेलिए मुझे.
थोड़ा पीछे हट कर खड़े हों आप.
सब नगरजन पीछे हटो. पीछे! पीछे! पीछे!
एंटनी नैनों में आँसू हों, तो बहने दें आप.
आप पहचानते हैं यह परिधान?
मुझे याद है, सीज़र ने यह पहना था.
पहली बार नौर्वे में. सुहानी
शाम थी. उस दिन जीता था नौर्वे.
देखिए--यहाँ घुपी थी कैसियस
की तलवार. और यह निशान है द्रोही
कास्का के वार का. और देखिए यहाँ,
हाँ, यहाँ घुपी थी तलवार मनमीत
ब्रूटस की. तलवार बाहर खींची
ब्रूटस ने, तो कैसे बह निकली
सीज़र के लहू की धार! मानों
दौड़ पड़ी हो बाहर यह देखने कि
यह वार क्या सचमुच मनमीत ब्रूटस ने

For Brutus, as you know, was Caesar's angel:
Judge, O you gods, how dearly Caesar loved him!
This was the most unkindest cut of all;
For when the noble Caesar saw him stab,
Ingratitude, more strong than traitors' arms,
Quite vanquish'd him: then burst his mighty heart;
And, in his mantle muffling up his face,
Even at the base of Pompey's statua,
Which all the while ran blood, great Caesar fell.
O, what a fall was there, my countrymen!
Then I, and you, and all of us fell down,
Whilst bloody treason flourish'd over us.
O, now you weep; and, I perceive, you feel
The dint of pity: these are gracious drops.
Kind souls, what, weep you when you but behold
Our Caesar's vesture wounded? Look you here,
Here is himself, marr'd, as you see, with traitors.

First Plebian O piteous spectacle!

Second Plebian O noble Caesar!

Third Plebian O woeful day!

Fourth Plebian O traitors, villains!

First Plebian O most bloody sight!

Second Plebian We will be revenged.

All Revenge! About! Seek! Burn! Fire! Kill! Slay! Let not a traitor live!

ANTONY Stay, countrymen.

किया है. जानते हैं आप--ब्रूटस था
सीज़र का प्यारा. देवताओ, साक्षी
हो तुम! कितना प्यारा था सीज़र को
ब्रूटस. यही था सब से तीखा,
सब से गहरा वार! सीज़र महान ने
जब देखा यह वार--ऐसे अनेकों
विद्रोह झेल सकता था सीज़र. उसे
मारा एक दोस्त की ग़द्दारी ने--
तो देख कर यह वार फट पड़ा सीज़र
का कलेजा. ढाँप लिया सीज़र ने
चेहरा. पोंपेई की प्रतिमा के
नीचे बह रहा था लहू. गिर
पड़ा सीज़र वीर. सुनो, मेरे देश
के लोगो, सुनो, यह पतन सीज़र
का नहीं था. यह पतन मेरा था,
आप का था. हम सब पर पंजे फैला
रहा था खूनी विश्वासघात. आप रो
रहे हैं. अनमोल हैं आप के नैनों
के मोती. अभी तक तो आप ने देखा
है सीज़र का परिधान. देखिए...
यह रहा स्वयं सीज़र--क्षत विक्षत,
ग़द्दारों की तलवारों का शिकार.

पहला नगरजन हाय! यह हालत!

दूसरा नगरजन सीज़र महान!

तीसरा नगरजन हमें देखना था यह दिन.

चौथा नगरजन हाय! ग़द्दार! निर्दयी हत्यारे!

पहला नगरजन यह खून! यह खूनी परिधान!

दूसरा नगरजन बदला! बदला!

सब नगरजन बदला! बदला! चलो! ढूँढ़ो! जला
दो! मारो! काटो! एक एक ग़द्दार को
ढूंढ़ो, मारो. काटो.

एंटनी देश प्रेमियो, ठहरो. रुको. सुनो.

First Plebian Peace there! Hear the noble Antony.

Second Plebian We'll hear him, we'll follow him, we'll die with him.

ANTONY Good friends, sweet friends, let me not stir you up
To such a sudden flood of mutiny.
They that have done this deed are honourable:
What private griefs they have, alas, I know not,
That made them do it: they are wise and honourable,
And will, no doubt, with reasons answer you.
I come not, friends, to steal away your hearts:
I am no orator, as Brutus is;
But, as you know me all, a plain blunt man,
That love my friend; and that they know full well
That gave me public leave to speak of him:
For I have neither wit, nor words, nor worth,
Action, nor utterance, nor the power of speech,
To stir men's blood: I only speak right on;
I tell you that which you yourselves do know;
Show you sweet Caesar's wounds, poor poor dumb mouths,
And bid them speak for me: but were I Brutus,
And Brutus Antony, there were an Antony
Would ruffle up your spirits and put a tongue
In every wound of Caesar that should move

पहला नगरजन शांति. शांति. सुनो, सब एंटनी
महान को सुनो.

दूसरा नगरजन हाँ, सुनेंगे हम,
एंटनी का कहा करेंगे हम.
एंटनी कहे तो मर मिटेंगे हम.

एंटनी भले दोस्तो, आप को भड़काना नहीं
है मुझे. जिन की यह करतूत है, वे
हैं आदरणीय. उन्हों ने सीज़र का
क्यों मारा... मैं तो अभी तक नहीं
समझा. समझदार हैं वे, आदरणीय
हैं वे. बतलाएँगे वे आप को--क्यों
मारा उन्हों ने आप के सीज़र को!
दोस्तो, मैं आप को भड़काने नहीं
आया. भाषा के धनी ब्रूटस जैसा
मुझे नहीं आता भाषण झाड़ना.
आप जानते हैं मुझे--सीधा सादा
मुँहफट इनसान, यारों का यार. जानते
हैं वे भी, जिन्हों ने मुझे बोलने
को कहा है. वे ख़ूब जानते हैं... न
कोई मूल्य है मेरा. न कर्म
है, न वाणी है. न शक्ति है मुझ
में लोगों की लहू खौलाने की.
बस, बिना सोचे समझे कहे जा
रहा हूँ. अरे, यह सब तो स्वयं
जानते हैं आप. दिखा रहा हूँ आप
को सीज़र के घाव. घाव ख़ामोश हैं! काश,
बोल सकते घाव और कह देते वह सब
जो कहना चाहिए था मुझे. काश,
मैं होता ब्रूटस और ब्रूटस होता
एंटनी, तो वह एंटनी झकझोर डालता
आप की अंतर्तम चेतना को. सीज़र
के एक एक घाव को देता वह ऐसी
ओजस्वी वाणी जो रोम की एक एक

The stones of Rome to rise and mutiny.

All We'll mutiny.

First Plebian We'll burn the house of Brutus.

Third Plebian Away, then! Come, seek the conspirators.

ANTONY Yet hear me, countrymen; yet hear me speak.

All Peace, ho! Hear Antony. Most noble Antony!

ANTONY Why, friends, you go to do you know not what:
Wherein hath Caesar thus deserved your loves?
Alas, you know not: I must tell you then:
You have forgot the will I told you of.

All Most true. The will! Let's stay and hear the will.

ANTONY Here is the will, and under Caesar's seal.
To every Roman citizen he gives,
To every several man, seventy-five drachmas.

Second Plebian Most noble Caesar! We'll revenge his death.

Third Plebian O royal Caesar!

ANTONY Hear me with patience.

All Peace, ho!

ANTONY Moreover, he hath left you all his walks,
His private arbours and new-planted orchards,
On this side Tiber; he hath left them you,
And to your heirs for ever, common pleasures,
To walk abroad, and recreate yourselves.
Here was a Caesar! when comes such another?

First Plebian Never, never! Come, away, away!

ईंट को बना देती विद्रोह का
धधकता भड़कता अंगारा.

सब नगरजन विद्राह! विद्रोह! क्रांति! क्रांति!

पहला नगरजन जला दो, ब्रूटस की हवेली.

तीसरा नगरजन चलो, ग़द्दारो को ढूँढो. चलो!

एंटनी ठहरो. सुनो. मेरी बात सुनो.

सब शांत, सब शांत. सुनो, एंटनी
की बात. सुनो, जी, एंटनी की बात.

एंटनी क्यों, कहाँ, क्या करने चल पड़े आप?
मात्र नायक नहीं था सीज़र, जन
गण मन का अधिनायक था सीज़र.
पर क्यों? नहीं जानते हैं आप. क्या
भूल गए आप सीज़र की वसीयत?

सब नगरजन अरे, हाँ! वसीयत! हम सुनेंगे.

एंटनी यह रही वसीयत! अंकित है इस
पर महानायक सीज़र की मुद्रा.
रोम के हर नागरिक को, आप में से
हर एक को, उस ने दी हैं पचहत्तर
स्वर्ण मुद्राएँ...

दूसरा नगरजन महान था सीज़र.
बदला! बदला!

तीसरा हाँ, राजा था सीज़र.

एंटनी आप धैर्य से सुनिए पूरी बात.

सब नगरजन शांति! शांति!

एंटनी केवल यही नहीं, उस ने दिए
हैं अपने सारे उपवन उद्यान जो
टाइबर नदी के इस तट पर हैं. अब
ये सब आप के हैं, आप के बालगोपाल
के हैं. इन में सैर कीजिए और मौज
मनाइए. यह था आप का हृदय
सम्राट सीज़र! जाने फिर कब मिले
ऐसा सम्राट!

पहला नगरजन कभी नहीं, कभी

We'll burn his body in the holy place,
And with the brands fire the traitors' houses.
Take up the body.

Second Plebian Go fetch fire.

Third Plebian Pluck down benches.

Fourth Plebian Pluck down forms, windows, any thing.

(Exeunt Plebians with the body.)

ANTONY Now let it work. Mischief, thou art afoot,
Take thou what course thou wilt!

(Enter a Servant.)

How now, fellow!

Servant Sir, Octavius is already come to Rome.

ANTONY Where is he?

Servant He and Lepidus are at Caesar's house.

ANTONY And thither will I straight to visit him:
He comes upon a wish. Fortune is merry,
And in this mood will give us any thing.

Servant I heard him say, Brutus and Cassius
Are rid like madmen through the gates of Rome.

ANTONY Belike they had some notice of the people,
How I had moved them. Bring me to Octavius.

(Exeunt.)

नहीं. चलो, धर्मस्थान चलो. सीज़र
का दाह संस्कार करो. उस की चिता
की लकड़ियों से जला दो इन सब
ग़द्दारों के घरबार. चलो, कंधा दो.

दूसरा नगरजन चिंगारी ले आओ.

तीसरा नगरजन कठहरे
बाड़े--सब तोड़ डालो.

चौथा नगरजन उखाड़ डालो.
उन के मकानों के द्वार गवाक्ष.

(शव को ले कर नगरजन जाते हैं.)

एंटनी अब होने दो जो होगा. भड़की है
ज्वाला. लपकने दो, जहाँ भी ले
जाए समय का झोंका... कौन? क्या है?

(एक सेवक आता है.)

सेवक श्रीमान, आक्टेवियस आ चुके हैं.

एंटनी कहाँ हैं वे?

सेवक वे और श्रीमान लेपीडस
अब नायक सीज़र के भवन में हैं.

एंटनी मैं भी वहीं चलता हूँ. सही समय
पर आए हैं वे.. भाग्य है
प्रसन्न. भर देगा हमारी झोली.

सेवक आप ने सुना क्या? रोम से ताबड़ तोड़
भाग गए हैं ब्रूटस और कैसियस.

एंटनी सुन लिया होगा उन्हों ने--जगा
दिया है मैं ने जन मानस. चलो,
ले चलो आक्टेवियस के पास...

(जाते हैं.)

SCENE III

The same. A street.
(Enter CINNA the poet.)

CINNA THE POET I dreamt to-night that I did feast with Caesar,
And things unlucky charge my fantasy:
I have no will to wander forth of doors,
Yet something leads me forth.

(Enter Citizens.)

First Plebian What is your name?

Second Plebian Whither are you going?

Third Plebian Where do you dwell?

Fourth Plebian Are you a married man or a bachelor?

Second Plebian Answer every man directly.

First Plebian Ay, and briefly.

Fourth Plebian Ay, and wisely.

Third Plebian Ay, and truly, you were best.

CINNA THE POET What is my name? Whither am I going? Where do I Dwell? Am I a married man or a bachelor? Then, to answer every man directly and briefly, wisely and truly: wisely I say, I am a bachelor.

Second Plebian That's as much as to say, they are fools that marry: you'll bear me a bang for that, I fear. Proceed; directly.

CINNA THE POET Directly, I am going to Caesar's funeral.

दृश्य ३

रोम. एक जनमार्ग.

(कवि सिन्ना आता है.)

कवि सिन्ना *(रोती धरती, रोता बादल*
रोता है कवि का मन पागल
धरती का नायक नहीं रहा
जन गण है दुःख से पागल)
सपने में मुझ से बोला सीज़र
न्योता है, आ मेरे घर
घर से मैं आया बाहर
लगता है पग पग पर डर
घर से नहीं निकलना था आज,
जाने कौन खींच लाया है मुझे?

(जन समूह आता है.)

पहला नगरजन क्या नाम है तेरा?

दूसरा नगरजन कहाँ जाता है?

तीसरा नगरजन कहाँ रहता है?

चौथा नगरजन गृहस्थ है या ब्रह्मचारी?

दूसरा नगरजन बोल. जवाब दे तत्काल.

पहला नगरजन जल्दी और छोटा.

चौथा नगरजन सोच कर, समझ कर.

तीसरा नगरजन सच, केवल सच.

कवि सिन्ना क्या नाम है मेरा? कहाँ जाता हूँ? कहाँ रहता हूँ? गृहस्थ हूँ या ब्रह्मचारी? हर प्रश्न का उत्तर तत्काल. जल्दी और छोटा. सोच कर, समझ कर. सच केवल सच. सोच समझ कर कहता हूँ. मैं ब्रह्मचारी हूँ.

दूसरा नगरजन तेरा मतलब है जो गृहस्थ हैं वे सोचते समझते नहीं? ले, इसी बात पर यह टोला. *(सिर पर टोला मारता है.)* आगे बोल. सीधे.

कवि सिन्ना सीधे? मैं जा रहा हूँ सीज़र के संस्कार में.

First Plebian As a friend or an enemy?

CINNA THE POET As a friend.

Second Plebian That matter is answered directly.

Fourth Plebian For your dwelling,--briefly.

CINNA THE POET Briefly, I dwell by the Capitol.

Third Plebian Your name, sir, truly.

CINNA THE POET Truly, my name is Cinna.

First Plebian Tear him to pieces! He's a conspirator.

CINNA THE POET I am Cinna the poet, I am Cinna the poet.

Fourth Plebian Tear him for his bad verses, tear him for his bad verses.

CINNA THE POET I am not Cinna the conspirator.

Fourth Plebian It is no matter, his name's Cinna; pluck but his name out of his heart, and turn him going.

Third Plebian Tear him, tear him! Come, brands ho! fire-brands: to Brutus', to Cassius'; burn all: some to Decius' house, and some to Casca's; some to Ligarius'. Away! Go!

(Exeunt all Plebians dragging of Cinna.)

चौथा नगरजन मित्र है या शत्रु?

कवि सिन्नाा मित्र.

दूसरा नगरजन यह हुआ सीधा उत्तर.

चौथा नगरजन कहाँ रहता है?

कवि सिन्ना दुर्ग प्राचीर के पास.

तीसरा नगरजन सच सच बता. क्या नाम है तेरा?

कवि सिन्ना सच. मेरा नाम है सिन्ना.

पहला नगरजन फाड़ डालो, चीर डालो. ग़द्दार है यह.

कवि सिन्ना मैं सिन्ना कवि हूं. मैं सिन्ना कवि हूं.

चौथा नगरजन घटिया कविता करता है यह फाड़ डालो रद्दी कविता के जैसा.

कवि सिन्ना भाइयो, मैं ग़द्दार सिन्ना नहीं हूं, मैं सिन्ना कवि हूं.

पहला नगरजन कोई बात नहीं. इस का नाम तो सिन्ना है. खींच डालो इस का नाम इस की काया से. फिर पठा दो यमलोक.

तीसरा नगरजन काटो! काटो! फाड़ो! लाओ ज्वाला. ज्वाला लाओ, चलो. ब्रूटस को जला दो. कैसियस को फूँक दो. सब को भून दो. जला दो. कुछ चलो डीसियस के घर! कुछ कास्का के घर, कुछ लिगारियस के यहाँ.

(जाते हैं.)

ACT IV

SCENE I

Rome. A room in Antony's house.
(ANTONY, OCTAVIUS, and LEPIDUS, seated at a table.)

ANTONY These many, then, shall die; their names are prick'd.
OCTAVIUS Your brother too must die; consent you, Lepidus?
LEPIDUS I do consent--
OCTAVIUS Prick him down, Antony.
LEPIDUS Upon condition Publius shall not live,
Who is your sister's son, Mark Antony.
ANTONY He shall not live; look, with a spot I damn him.
But, Lepidus, go you to Caesar's house;
Fetch the will hither, and we shall determine
How to cut off some charge in legacies.
LEPIDUS What, shall I find you here?
OCTAVIUS Or here, or at the Capitol.
(Exit LEPIDUS.)
ANTONY This is a slight unmeritable man,
Meet to be sent on errands: is it fit,
The three-fold world divided, he should stand
One of the three to share it?
OCTAVIUS So you thought him;
And took his voice who should be prick'd to die,
In our black sentence and proscription.
ANTONY Octavius, I have seen more days than you:

अंक ४

दृश्य १

रोम. एक भवन.

(एंटनी, आक्टेवियस और लेपीडस. मेज़ पर बातचीत.)

एंटनी तो इन लोगों को मारा जाएगा. इन के
नाम पर निशान लगा दिया है.

आक्टेवियस तुम्हारा भाई भी मरना चाहिए, लेपीडस.
सहमत हो तुम?

लेपीडस सहमत हूँ मैं.

आक्टेवियस लो दाग़ दो इसे, एंटनी.

लेपीडस एक शर्त पर,
मार्क एंटनी. नहीं बचेगा तुम्हारा
भांजा पबलियस भी.

एंटनी दाग़ दिया. लेपीडस,
सीज़र के घर से वसीयत ले आओ.
देखें तो, क्या बचा सकते हैं हम.

लेपीडस यहीं मिलोगे?

आक्टेवियस यहाँ या संसद.

(लेपीडस जाता है.)

एंटनी गुणहीन बंदा है यह. बस, चाकरी
जोगा है... संसार की संपदा में से
एक दे डालना इसे--क्यों, ठीक है क्या?

आक्टेवियस आप ने ही तो माँगा था उस से
परामर्श.

एंटनी आक्टेवियस, अधिक
अनुभव है मुझे. यह बस चाल है.

And though we lay these honours on this
    man,
To ease ourselves of divers slanderous loads,
He shall but bear them as the ass bears gold,
To groan and sweat under the business,
Either led or driven, as we point the way;
And having brought our treasure where we
    will,
Then take we down his load, and turn him
    off,
Like to the empty ass, to shake his ears,
And graze in commons.

OCTAVIUS You may do your will;
But he's a tried and valiant soldier.

ANTONY So is my horse, Octavius; and for that
I do appoint him store of provender:
It is a creature that I teach to fight,
To wind, to stop, to run directly on,
His corporal motion govern'd by my spirit.
And, in some taste, is Lepidus but so;
He must be taught and train'd and bid go
    forth;
A barren-spirited fellow; one that feeds
On objects, arts and imitations,
Which, out of use and staled by other men,
Begin his fashion: do not talk of him,
But as a property. And now, Octavius,
Listen great things:--Brutus and Cassius
Are levying powers: we must straight make
    head:
Therefore let our alliance be combined,
Our best friends made, our means stretch'd
And let us presently go sit in council,
How covert matters may be best disclosed,
And open perils surest answered.

OCTAVIUS Let us do so: for we are at the stake,
And bay'd about with many enemies;

उस पर लादे हैं मान सम्मान, क्यों कि
लादना था अपनी निंदा का बोझा.
लद्दू खरहे के जैसा ढोएगा
वह हमारा बोझा, हाँफेगा वह,
पसीने से तरबतर होगा. जब
जैसे जिधर चाहेंगे, हाँकेंगे
हम. लक्ष्य पर पहुँच कर माल
उतारेंगे हम. फिर हकाल देंगे
हिनहिनाने को और चरने को घास.

आक्टेवियस जो चाहें करें. है वह भरोसे
का सैनिक.

एंटनी हाँ, वह तो मेरा घोड़ा
भी है. इस के लिए मैं देता हूँ
उसे उत्तम दाना पानी. उसे
मैं साधता हूँ, सिखाता हूँ दम रोकना,
दौड़ना, कूदना, झपटना. अनुशासन
मेरा है उस पर. बस, वैसा ही है
लेपीडस! उसे साधो, उस के काम
लो. अपनी चेतना नहीं है उस में.
बड़े लोग जो बना देते हैं चलन,
रचते हैं जो कलाएँ, और फिर छोड़
देते हैं जो जूठन, उन्हें सहेज
कर रखते हैं लेपीडस जैसे लोग.
उसे स्वतंत्र मत समझो. वह एक
वस्तु है. उस का उपभोग करो... यह
सब छोड़ो, सुनो बड़े समाचार!
ब्रूटस और कैसियस कर रहे हैं
शक्ति का संचय. हम भी चेतें,
अपनी ताक़तें मिलाएँ, औरों को
साथ लाएँ. अज्ञात संकटों की समझें.
जो ज्ञात हैं, उन आपदाओं को झेलें.

आक्टेवियस हाँ. तत्काल. दाँव पर लगे हैं हम.
शत्रु से घिरे हैं हम. ऊपर से

And some that smile have in their hearts, I fear,
Millions of mischiefs.

(Exeunt.)

SCENE II

Camp near Sardis. Before BRUTUS's tent.

(Drum. Enter BRUTUS, LUCILIUS, LUCIUS, and Soldiers; TITINIUS and PINDARUS meeting them.)

BRUTUS Stand, ho!

LUCILIUS Give the word, ho! and stand.

BRUTUS What now, Lucilius! is Cassius near?

LUCILIUS He is at hand; and Pindarus is come
To do you salutation from his master.

BRUTUS He greets me well. Your master, Pindarus,
In his own change, or by ill officers,
Hath given me some worthy cause to wish
Things done, undone: but, if he be at hand,
I shall be satisfied.

PINDARUS I do not doubt
But that my noble master will appear
Such as he is, full of regard and honour.

BRUTUS He is not doubted. A word, Lucilius;
How he received you, let me be resolved.

LUCILIUS With courtesy and with respect enough;
But not with such familiar instances,
Nor with such free and friendly conference,
As he hath used of old.

जो हमारे मित्र हैं, उन के भी
मन में छिपे हैं घातक इरादे.

(जाते हैं.)

दृश्य २

सार्डिस के निकट छावनी. ब्रूटस के शिविर के सामने.

(नगाड़ा. ब्रूटस, लूसीलियस, लूसियस और सैनिक आते हैं. उन से टिटीनियस और पिंडारस मिलते हैं.)

ब्रूटस रुक जा!

लूसीलियस आदेश आगे पहुँचा दो. रुक जा!

ब्रूटस लूसीलियस, कहो कैसियस
निकट हैं क्या?

लूसीलियस जी, हाँ. उन्हों ने भेजा है
अभिनंदन पिंडारस के हाथ.

ब्रूटस ठीक है जो भेजा है अभिनंदन.
पिंडारस, दिए हैं तुम्हारे स्वामी
ने मुझे असंतोष के अनेक कारण.
अवांछनीय था बहुत कुछ जो किया
जो स्वयं उन्हों ने, उन के खोटे
कारिंदों ने. अब आ रहे हैं
वे, विश्वास है, होगा समाधान.

पिंडारस विश्वास है मुझे--आएँगे स्वामी,
पहले ही जैसे, ससम्मान, सप्रेम...

ब्रूटस उन पर
विश्वास है मुझे. लूसीलियस, सुन,
बता, तेरा कैसा स्वागत सत्कार
किया था उन्हों ने इस बार.

लूसीलियस ठीक था!
पूरे शिष्टाचार के साथ. लेकिन
पहले जैसा खुलापन नहीं था
इस बार.

BRUTUS Thou hast described
A hot friend cooling: ever note, Lucilius,
When love begins to sicken and decay,
It useth an enforced ceremony.
There are no tricks in plain and simple faith;
But hollow men, like horses hot at hand,
Make gallant show and promise of their mettle;
But when they should endure the bloody spur,
They fall their crests, and, like deceitful jades,
Sink in the trial. Comes his army on?

LUCILIUS They mean this night in Sardis to be quarter'd;
The greater part, the horse in general,
Are come with Cassius.

BRUTUS Hark! he is arrived.

(Low march within.)

March gently on to meet him.

(Enter CASSIUS and his powers.)

CASSIUS Stand, ho!

BRUTUS Stand, ho! Speak the word along.

First Soldier Stand!

Second Soldier Stand!

Third Soldier Stand!

CASSIUS Most noble brother, you have done me wrong.

BRUTUS Judge me, you gods! wrong I mine enemies?
And, if not so, how should I wrong a brother?

CASSIUS Brutus, this sober form of yours hides wrongs;
And when you do them--

BRUTUS Cassius, be content.
Speak your griefs softly: I do know you well.
Before the eyes of both our armies here,
Which should perceive nothing but love from us,
Let us not wrangle: bid them move away;
Then in my tent, Cassius, enlarge your griefs,
And I will give you audience.

CASSIUS Pindarus,

ब्रूटस यह संकेत है दोस्ती में ढील
का. लूसीलियस, मित्रता जब होती
है कम, तो बढ़ जाता है शिष्टाचार.
सच्चे संबंध में नहीं होता
पाखंड. खोखले नर और गरम
घोड़े करते हैं जोश का दिखावा.
परीक्षा की घड़ी में दे जाते
हैं धोखा... साथ में सेना भी है?

लूसीलियस जी. आज रात सेना पड़ाव डालेगी
सार्डिस में. अश्वारोही दल, लेकिन,
यहाँ आ रहा है सेनापति
के साथ.

ब्रूटस लो, कैसियस आ गए.

(पार्श्व में कूच का संगीत.)

आगे बढ़ो. स्वागत करो उन का.

(कैसियस के साथ सैनिक आते हैं.)

कैसियस रुक जा!

ब्रूटस रुक जा! आदेश आगे बढ़ा दो.

पहला सैनिक रुक जा!

दूसरा सैनिक रुक जा!

तीसरा सैनिक रुक जा!

कैसियस महामहिम भ्राता, अन्याय किया है आप ने.

ब्रूटस साक्षी हैं देवता. किया है मैं ने
अन्याय शत्रु से? करूँगा अन्याय
तुझ से?

कैसियस ऊपर से तो गंभीर हैं आप,
भीतर से करते हैं वार. करते हैं, तो...

ब्रूटस कैसियस, आहिस्ता बोल. जानता
हूँ मैं तुझे. सेना के सामने कर
मित्रतापूर्ण व्यवहार. सेना
हट जाए तो कह जो कहना है.
सुनूँगा मैं.

कैसियस पिंडारस, नायकों

Bid our commanders lead their charges off
A little from this ground.

BRUTUS Lucilius, do you the like; and let no man
Come to our tent till we have done our conference.
Let Lucius and Titinius guard our door.

(Exeunt.)

SCENE III

Brutus's tent.
(Enter BRUTUS and CASSIUS.)

CASSIUS That you have wrong'd me doth appear in this:
You have condemn'd and noted Lucius Pella
For taking bribes here of the Sardians;
Wherein my letters, praying on his side,
Because I knew the man, were slighted off.

BRUTUS You wronged yourself to write in such a case.

CASSIUS In such a time as this it is not meet
That every nice offence should bear his comment.

BRUTUS Let me tell you, Cassius, you yourself
Are much condemn'd to have an itching palm;
To sell and mart your offices for gold
To undeservers.

CASSIUS I an itching palm!
You know that you are Brutus that speak this,
Or, by the gods, this speech were else your last.

से कहो, सेनाओं को हटा लें.

ब्रूटस लूसीलियस, तू भी यही कर... और देख,
कोई भी न आने पाए भीतर.
लूसियस और टिटीनियस को लगा
दे द्वार पर...

(जाते हैं.)

दृश्य ३

ब्रूटस का शिविर.
(ब्रूटस और कैसियस आते हैं.)

कैसियस सुनिए आप का एक अन्याय. आपने
मेरे आदमी लूसियस पैला पर
लगाया आरोप, कहा कि उस ने
वसूली है सार्डिस के लोगों से
चौथ. उस के बचाव मैं ने आप को
पत्र लिखा. नहीं दिया उत्तर
तक आप ने. यह तो सरासर अपमान
है मेरा.

ब्रूटस उस का बचाव ठीक नहीं
था तुम्हारे लिए.

कैसियस ठीक तो यह भी
नहीं है, संकट की इस घड़ी में,
ऐसी बातें उठाएँ आप.

ब्रूटस यूँ तो
कहने वाले कहते हैं, खुजलाती
है तुम्हारी भी हथेली. सिक्कों
पर हो रहे हैं सरकारी पद नीलाम.

कैसिसय खुजलाती है मेरी हथेली! क्यों?
आप नायक ब्रूटस हैं. बस, इसी
लिए जीवित हैं आप. होता कोई
और, तो...

BRUTUS The name of Cassius honours this corruption,
And chastisement doth therefore hide his head.

CASSIUS Chastisement!

BRUTUS Remember March, the ides of March remember:
Did not great Julius bleed for justice' sake?
What villain touch'd his body, that did stab,
And not for justice? What, shall one of us
That struck the foremost man of all this world
But for supporting robbers, shall we now
Contaminate our fingers with base bribes,
And sell the mighty space of our large honours
For so much trash as may be grasped thus?
I had rather be a dog, and bay the moon,
Than such a Roman.

CASSIUS Brutus, bait not me;
I'll not endure it: you forget yourself,
To hedge me in; I am a soldier, I,
Older in practise, abler than yourself
To make conditions.

BRUTUS Go to; you are not, Cassius.

CASSIUS I am.

BRUTUS I say you are not.

CASSIUS Urge me no more, I shall forget myself;
Have mind upon your health, tempt me no further.

BRUTUS Away, slight man!

CASSIUS Is't possible?

BRUTUS Hear me, for I will speak.
Must I give way and room to your rash choler?
Shall I be frighted when a madman stares?

CASSIUS O ye gods, ye gods! must I endure all this?

ब्रूटस भ्रष्टाचार के साथ जुड़
रहा है तुम्हारा नाम. मुँह छिपा
कर बैठा जाता है राजदंड...

कैसियस दंड!

ब्रूटस यह है मार्च और मार्च की क्रांति?
जब बहा था सीज़र का लहू न्याय
की वेदी पर? था हम में से कोई
दुष्ट तब जिस ने न उठाया हो हाथ
न्याय के नाम पर? क्या इसी लिए
गिराया था हम ने वह महामानव
कि आज हम भी करेंगे भ्रष्टाचार!
चंद सिक्कों के वास्ते डुबोएँगे नाम. रोमन
न होता मैं, काश, होता मैं कुत्ता!
भौंकता रहता मैं रात भर चाँद पर.

कैसियस ब्रूटस, बस करो! यूँ मत भड़काओ
मुझे. यह नहीं सहूँगा मैं. तुम
भूल रहे हो--कौन हो तुम, जो यूँ कौंद
रहे हो मुझे. मैं सैनिक हूँ. तुम
से अधिक अनुभवी हूँ, सक्षम
हूँ.

ब्रूटस नहीं है तू.

कैसियस हूँ.

ब्रूटस नहीं है तू.

कैसियस और मत उकसाओ. भूल जाऊँगा मैं
अपने को. कुछ तो ध्यान करो अपनी
जान का. बस, और मत उकसाओ मुझे.

ब्रूटस नीच! पामर! जा, जा!

कैसियस अच्छा!

ब्रूटस जो कहना है, कहूँगा मैं. तेरी
घुड़की से डरूँगा मैं? पागलों
के घूरने से डरूँगा मैं?

कैसियस यह सब
सहना होगा मुझे?

BRUTUS All this! ay, more: fret till your proud heart break;
Go show your slaves how choleric you are,
And make your bondmen tremble. Must I budge?
Must I observe you? must I stand and crouch
Under your testy humour? By the gods
You shall digest the venom of your spleen,
Though it do split you; for, from this day forth,
I'll use you for my mirth, yea, for my laughter,
When you are waspish.

CASSIUS Is it come to this?

BRUTUS You say you are a better soldier:
Let it appear so; make your vaunting true,
And it shall please me well: for mine own part,
I shall be glad to learn of noble men.

CASSIUS You wrong me every way; you wrong me, Brutus;
I said, an elder soldier, not a better:
Did I say 'better'?

BRUTUS If you did, I care not.

CASSIUS When Caesar lived, he durst not thus have moved me.

BRUTUS Peace, peace! you durst not so have tempted him.

CASSIUS I durst not!

BRUTUS No.

CASSIUS What, durst not tempt him!

BRUTUS For your life you durst not!

CASSIUS Do not presume too much upon my love;
I may do that I shall be sorry for.

BRUTUS You have done that you should be sorry for.
There is no terror, Cassius, in your threats,
For I am arm'd so strong in honesty
That they pass by me as the idle wind,

ब्रूटस यही नहीं,
और भी सहेगा तू, सुनेगा तू.
जा! जा! जा! गुर्गों को दिखा आँखें,
दासों पर चला जादू. तू समझता
है डरूँगा मैं? झुकूँगा मैं? तुझ
से? बकबक से? साक्षी हैं सब देवता!
अपना विष पिएगा तू. जब भी तू
करेगा खों खों, हँसूँगा मैं, बंदर!

कैसियस अच्छा!

ब्रूटस तू सैनिक है? मुझ से अच्छा?
देख लेते हैं अभी, कैसे होते
हैं वीर? सीखना है मुझे कुछ और, तो
सिखाने वाले हैं और.

कैसियस सरासर
अन्याय है यह. मैं ने कहा, आप से
अधिक अनुभव है मुझे. नहीं
कहा आप से अच्छा हूँ मैं.

ब्रूटस कहा भी होता तो क्या कर लेता?

कैसियस इतना साहस सीज़र तक में नहीं
था जो ललकारे मुझे.

ब्रूटस रहने दे!
साहस तुझ में ही नहीं था सीज़र
से लड़ने का.

कैसियस नहीं था?

ब्रूटस नहीं था.

कैसियस नहीं ललकार सकता था मैं उसे?

ब्रूटस हाँ, नहीं ललकार सकता था तू?

कैसियस और मत उकसाइए. तैश में कुछ कर
न बैठूँ पछताना पड़े जिस पर.

ब्रूटस पछताना पड़े जिस पर, वह तो कर
चुका है तू. तेरी धमकियों से
मैं नहीं डरता. ख़ाली हवा से
वे नहीं हिलते, सत्य पर जो हों

Which I respect not. I did send to you
For certain sums of gold, which you denied me:
For I can raise no money by vile means:
By heaven, I had rather coin my heart,
And drop my blood for drachmas, than to wring
From the hard hands of peasants their vile trash
By any indirection: I did send
To you for gold to pay my legions,
Which you denied me: was that done like Cassius?
Should I have answer'd Caius Cassius so?
When Marcus Brutus grows so covetous,
To lock such rascal counters from his friends,
Be ready, gods, with all your thunderbolts;
Dash him to pieces!

CASSIUS I denied you not.

BRUTUS You did.

CASSIUS I did not: he was but a fool
That brought my answer back. Brutus hath riv'd my heart:
A friend should bear his friend's infirmities,
But Brutus makes mine greater than they are.

BRUTUS I do not, till you practise them on me.

CASSIUS You love me not.

BRUTUS I do not like your faults.

CASSIUS A friendly eye could never see such faults.

BRUTUS A flatterer's would not, though they do appear
As huge as high Olympus.

CASSIUS Come, Antony, and young Octavius, come,
Revenge yourselves alone on Cassius,

टिके. आदमी भेजा था तेरे पास
माँगने को धन. कर दिया इनकार तू
ने. बोल भत्ता सैनिकों को
मैं कहाँ से दूँ? स्वर्णमुद्रा कोख
में ढलती नहीं हैं. खेतीहरों,
व्यापारियों, कारीगरों को लूट
मैं सकता नहीं हूँ. आदमी भेजा
था तेरे पास माँगने को धन. लौट
आया हाथ ख़ाली. कर दिया इनकार
तू ने! है यही बस मित्रता का
दम? क्या कभी तुझ को किया इनकार
मैं ने? गाज भी गिरती नहीं मुझ पर!

कैसियस मैं ने किया इनकार?

ब्रूटस हाँ.

कैसियस धूर्त है
जिस ने भरे हैं कान. तोड़ डाला आप
ने यह दिल. मित्रता का अर्थ है--हम
माफ़ कर दें मित्र के छोटे बड़े
अपराध. बढ़ा कर कह रहे हैं
आप मेरे दोष.

ब्रूटस दोष यह तू ने
किया मुझ से.

कैसियस अब आप को मुझ से
नहीं है प्रेम.

ब्रूटस सह नहीं सकता मैं
किसी के दोष.

कैसियस दोस्तों के दोष देखे
ही नहीं जाते.

ब्रूटस जो दोष ना देखें,
नहीं हैं दोस्त, चमचे हैं.

कैसियस एंटनी!
आक्टेवियस! कहाँ हो तुम? आओ,
मुझे मारो! मारा मुझे संसार

For Cassius is aweary of the world;
Hated by one he loves; braved by his brother;
Cheque'd like a bondman; all his faults observed,
Set in a note-book, learn'd, and conn'd by rote,
To cast into my teeth. O, I could weep
My spirit from mine eyes! There is my dagger,
And here my naked breast; within, a heart
Dearer than Plutus' mine, richer than gold:
If that thou be'st a Roman, take it forth;
I, that denied thee gold, will give my heart:
Strike, as thou didst at Caesar; for, I know,
When thou didst hate him worst, thou lovedst him better
Than ever thou lovedst Cassius.

BRUTUS Sheathe your dagger:
Be angry when you will, it shall have scope;
Do what you will, dishonour shall be humour.
O Cassius, you are yoked with a lamb
That carries anger as the flint bears fire;
Who, much enforced, shows a hasty spark,
And straight is cold again.

CASSIUS Hath Cassius lived
To be but mirth and laughter to his Brutus,
When grief, and blood ill-temper'd, vexeth him?

BRUTUS When I spoke that, I was ill-temper'd too.

CASSIUS Do you confess so much? Give me your hand.

BRUTUS And my heart too.

CASSIUS O Brutus!

BRUTUS What's the matter?

CASSIUS Have not you love enough to bear with me,
When that rash humour which my mother gave me
Makes me forgetful?

BRUTUS Yes, Cassius; and, from henceforth,

ने. प्यार है जिन से, हैं थूकते मुझ पर.
भाई ने बरजा, दास सा घुड़का, हर
दोष को आँका, गिनाया, भाल पर मारा.
काश, रो रो कर बहा सकता ग़मों
का बोझ. यह रही तलवार मेरी, यह
रहा सीना. है इस में--मेरा दिल.
अनमोल है यह दिल, जैसे कोश प्लूटो
का. स्वर्ण से बढ़ कर है इस का मोल.
रोम के तुम पूत हो तो, लो, निकालो
दिल. था किया इनकार मैं ने... भेजा
नहीं सोना... लो, दे रहा हूँ दिल.
कर दो वार, जैसे किया था वार
सीज़र पर. जानता हूँ मैं--जब तुम कर
रहे थे वार तब भी प्यार था मन
में! तुम से मिला कब कैसियस को
प्यार उतना?

ब्रूटस रख म्यान में तलवार!
अवसरहीन हो, तो कोप है बेकार.
देख कर तेरा बिफरना, यह बिखरना,
हँसी से पेट में पड़ जाएँगे बल.
सवार है तुझ पर उत्तेजना की भेड़--
भड़कती है पल भर, फिर ठंडी ठार!

कैसियस हँस रहे हैं आप? मैं खो बैठा था आपा.

ब्रूटस नहीं था आपे में मैं भी.

कैसियस यह बात
है? दीजिए हाथ.

ब्रूटस ले दिल भी.

कैसियस ओ ब्रूटस!

ब्रूटस बोल ना, क्या बात है?

कैसियस इतना
भी नहीं आप को स्नेह, जो सह लें
मेरा कसैलापन? मिला है माँ से.

ब्रूटस ठीक है, कैसियस, अब कभी होगा

When you are over-earnest with your Brutus,
He'll think your mother chides, and leave you so.

Poet *(Within.)* Let me go in to see the generals;
There is some grudge between 'em, 'tis not meet
They be alone.

LUCILIUS *(Within.)* You shall not come to them.

Poet *(Within.)* Nothing but death shall stay me.

(Enter Poet, followed by LUCILIUS, TITINIUS, and LUCIUS.)

CASSIUS How now! what's the matter?

Poet For shame, you generals! what do you mean?
Love, and be friends, as two such men should be;
For I have seen more years, I'm sure, than ye.

CASSIUS Ha, ha! How vilely doth this cynic rhyme!

BRUTUS Get you hence, sirrah; saucy fellow, hence!

CASSIUS Bear with him, Brutus; 'tis his fashion.

BRUTUS I'll know his humour, when he knows his time:
What should the wars do with these jigging fools?
Companion, hence!

CASSIUS Away, away, be gone.

(Exit Poet.)

BRUTUS Lucilius and Titinius, bid the commanders
Prepare to lodge their companies to-night.

CASSIUS And come yourselves, and bring Messala with you
Immediately to us.

(Exeunt LUCILIUS and TITINIUS.)

BRUTUS Lucius, a bowl of wine!

(Exit LUCIUS.)

CASSIUS I did not think you could have been so angry.

BRUTUS O Cassius, I am sick of many griefs.

CASSIUS Of your philosophy you make no use,
If you give place to accidental evils.

जब तुझ पर कोप का भूत सवार, तो मैं
समझूँगा बोल रही है महतारी.

भाट *(नेपथ्य में)* छोड़ो, जाने दो. सेनापतियों
से मिलने दो मुझे. झगड़ा है उन
में, निपटाने दो मुझे.

लूसीलियस *(नेपथ्य में)* नहीं, तुम नहीं जा सकते.

भाट मौत ही रोकेगी मुझे.

(भाट आता है. उस के पीछे लूसीलियस, टिटीनियस, लूसियस.)

कैसियस क्या है? कौन है?

भाट शर्म करो, सेनापति, शर्म करो!
मिलो, रहो साथ, महान बनो तुम
मानो यह बात, नादान हो तुम.

कैसियस वाह. क्या तुक भिड़ाई है कलंदर ने.

ब्रूटस जा! मुँहफट, गँवार!

कैसियस छोड़ो भी. यह तो स्वभाव है इस का.

ब्रूटस स्वभाव सुहाता है सही अवसर
पर. मैदान में क्या काम है तुक्कड़
का? जाइए, महाराज, जाइए?

कैसियस जा, चला जा, फूट!

(भाट जाता है.)

ब्रूटस लूसीलियस, टिटीनियस. नायकों से
कहो, सेनाएँ अब विश्राम करें.

कैसियस टिटीनियस, मेसाला को लेते आना
अपने साथ

(लूसीलियस और टिटीनियस जाते हैं.)

ब्रूटस लूसियस, अब मदिरा...

(लूसियस जाता है.)

कैसियस सहनशीलता खो बैठते हैं आप भी.

ब्रूटस कैसियस, मुझे हैं कई शोक.

कैसियस निर्विकार हुआ करते थे आप. क्यों
विचलित करने लगी आप को छोटी
मोटी ऊँचनीच?

BRUTUS No man bears sorrow better. Portia is dead.

CASSIUS Ha! Portia!

BRUTUS She is dead.

CASSIUS How 'scaped I killing when I cross'd you so?
O insupportable and touching loss!
Upon what sickness?

BRUTUS Impatient of my absence,
And grief that young Octavius with Mark Antony
Have made themselves so strong:--for with her death
That tidings came;--with this she fell distract,
And, her attendants absent, swallow'd fire.

CASSIUS And died so?

BRUTUS Even so.

CASSIUS O ye immortal gods!

(Re-enter LUCIUS, with wine and taper.)

BRUTUS Speak no more of her. Give me a bowl of wine.
In this I bury all unkindness, Cassius.

CASSIUS My heart is thirsty for that noble pledge.
Fill, Lucius, till the wine o'erswell the cup;
I cannot drink too much of Brutus' love.

BRUTUS Come in, Titinius!

(Exit LUCIUS.)

(Re-enter TITINIUS, with MESSALA.)

Welcome, good Messala.
Now sit we close about this taper here,
And call in question our necessities.

CASSIUS Portia, art thou gone?

BRUTUS No more, I pray you.

ब्रूटस कौन सहेगा इतना
शोक? नहीं रहीं पोर्शिया...

कैसियस नहीं
रहीं पोर्शिया?

ब्रूटस नहीं रहीं वे.

कैसियस कैसे बचा मैं आप के हाथों? मौत
को उकसाया तो बहुत मैं ने. शोक,
महाशोक! क्या रोग था उन्हें?

ब्रूटस रोग था---
मेरा वियोग. और शोक है कि सेना
प्रबल हो गई है आक्टेवियस
और मार्क एंटनी की... दोनों संदेश
मिले हैं आज ही... त्रस्त थीं वे.
दास घर में नहीं थे. ज्वाला पी ली
देवी ने.

कैसियस ज्वाला पी गईं? सच?

ब्रूटस हाँ.

कैसियस हाय! भगवान!

(लूसियस मदिरा और बत्ती ले कर आता है.)

ब्रूटस उन की बात मत करो. दो मदिरा
पात्र. डूबा दूँ सब दुःखों को.

कैसियस प्यासा है मेरा मन. लूसियस, भर
भर दे ऊपर तक प्याला. जी भर के
पी लूँ मैं ब्रूटस के प्यार का जाम.

ब्रूटस आओ, टिटीनियस.

(लूसियस जाता है.)

(मेसाला और टिटीनियस आते हैं.)

आइए, मेसाला.
दीपक से सट कर बैठें हम. सोचें
क्या करना है..

कैसियस पोर्शिया! गईं?

ब्रूटस बस
करो. होश में आओ... मेसाला, मुझे

Messala, I have here received letters,
That young Octavius and Mark Antony
Come down upon us with a mighty power,
Bending their expedition toward Philippi.

MESSALA Myself have letters of the selfsame tenor.

BRUTUS With what addition?

MESSALA That by proscription and bills of outlawry,
Octavius, Antony, and Lepidus,
Have put to death an hundred senators.

BRUTUS Therein our letters do not well agree;
Mine speak of seventy senators that died
By their proscriptions, Cicero being one.

CASSIUS Cicero one!

MESSALA Cicero is dead,
And by that order of proscription.
Had you your letters from your wife, my lord?

BRUTUS No, Messala.

MESSALA Nor nothing in your letters writ of her?

BRUTUS Nothing, Messala.

MESSALA That, methinks, is strange.

BRUTUS Why ask you? hear you aught of her in yours?

MESSALA No, my lord.

BRUTUS Now, as you are a Roman, tell me true.

MESSALA Then like a Roman bear the truth I tell:
For certain she is dead, and by strange manner.

BRUTUS Why, farewell, Portia. We must die, Messala:
I have the patience to endure it now.

MESSALA Even so great men great losses should endure.

मिले हैं ये संदेश. आक्टेवियस
और एंटनी ला रहे हैं महा
कटक. शीघ्र पहुँचेंगे वे लोग
फ़िलीपी.

मेसाला मुझे भी मिले हैं
ये पत्र.

ब्रूटस और कुछ लिखा है इन में?

मेसाला आक्टेवियस, एंटनी और लेपीडस
ने उतार दिए हैं सो से भी ऊपर
सांसद मौत के घाट!

ब्रूटस मेरे में
लिखा है... मारे गए हैं सत्तर
सांसद. मारे गए सिसैरो.

मेसाला मारे गए सिसैरो! अपने घर से
कोई पत्र तो नहीं आया आप को?

ब्रूटस नहीं तो, मेसाला.

मेसाला कोई समाचार?

ब्रूटस नहीं तो, मेसाला.

मेसाला अनोखी बात है!

ब्रूटस क्यों पूछते हो, मेसाला? तुम्हें मिला
कुछ समाचार?

मेसाला कुछ तो नहीं,
सेनापति ब्रूटस.

ब्रूटस वीर रोमन हो तुम.
सच बताओ.

मेसाला तो फिर वीर रोमनो
की भाँति दृढ़ रहने की शक्ति
धारिए. पोर्शिया नहीं रहीं. अंत
अनोखा था उन का.

ब्रूटस अलविदा, पोर्शिया.
मरना सभी को है, मेसाला, उन्हें
भी मरना था एक दिन. फिर शोक कैसा?

मेसाला हाँ, सत्य है! महापुरुषों को

CASSIUS I have as much of this in art as you,
But yet my nature could not bear it so.

BRUTUS Well, to our work alive. What do you think
Of marching to Philippi presently?

CASSIUS I do not think it good.

BRUTUS Your reason?

CASSIUS This it is:
'Tis better that the enemy seek us:
So shall he waste his means, weary his soldiers,
Doing himself offence: whilst we, lying still,
Are full of rest, defense, and nimbleness.

BRUTUS Good reasons must, of force, give place to better.
The people 'twixt Philippi and this ground
Do stand but in a forced affection:
For they have grudged us contribution:
The enemy, marching along by them,
By them shall make a fuller number up,
Come on refresh'd, new-added, and encouraged;
From which advantage shall we cut him off,
If at Philippi we do face him there,
These people at our back.

CASSIUS Hear me, good brother.

BRUTUS Under your pardon. You must note beside,
That we have tried the utmost of our friends,
Our legions are brim-full, our cause is ripe:
The enemy increaseth every day;
We, at the height, are ready to decline.
There is a tide in the affairs of men,
Which, taken at the flood, leads on to fortune;
Omitted, all the voyage of their life
Is bound in shallows and in miseries.

सहने होते हैं महाशोक.

कैसियस जानता
हूँ मैं. पर धीरज नहीं है मुझ में.

ब्रूटस जीवित हैं हम, तो जीते जी जीवन
के काज सभी करने हैं... .
क्या राय है? हम बढ़ चलें फ़िलीपी?

कैसियस ठीक नहीं होगा.

ब्रूटस कारण?

कैसियस ठीक तो यह
होगा--शत्रु हमें खोजे, फिरे
मारा मारा. इस में नष्ट होंगे
उस के साधन. थकेंगे, मरेंगे
उस के सैनिक. हम यहाँ बैठे हैं
आराम से, चौकस, सचेतन...

ब्रूटस अच्छे तर्क का होना चाहिए
सुदृढ़ आधार. सार्डिस और फ़िलीपी
के बीच रहते हैं जो लोग, हमारे
साथ नहीं हैं वे. उन को सताया
है हम ने, वसूली है चौथ. उन के
बीच जब बढ़ेगा शत्रु, देंगे वे
उस का साथ. मिलेगा उसे नया
उत्साह, नया मनोबल. उसे तुम
दूर ही रहने दो जनजातियों से.
बढ़ना चाहिए हमें यहाँ से
आगे...

कैसियस सुनिए तो आप मेरी बात.

ब्रूटस क्षमा करें, कैसियस. जानते
हैं आप--तंग आ चुके हैं हम से
हमारे दोस्त. विशाल है हमारी
सेना. न्याय है हमारे साथ. हर दिन
बढ़ रहा है शत्रु का बल. लेकिन
अभी तक उस से बढ़ कर हैं हम. कल
बदल सकता है संतुलन. मानव

On such a full sea are we now afloat;
And we must take the current when it serves,
Or lose our ventures.

CASSIUS Then, with your will, go on:
We'll along ourselves, and meet them at Philippi.

BRUTUS The deep of night is crept upon our talk,
And nature must obey necessity;
Which we will niggard with a little rest.
There is no more to say?

CASSIUS No more. Good night.
Early to-morrow will we rise, and hence.

BRUTUS Lucius!

(Enter LUCIUS.)

My gown.

(Exit LUCIUS.)

Farewell, good Messala:
Good night, Titinius. Noble, noble Cassius,
Good night, and good repose.

CASSIUS O my dear brother!
This was an ill beginning of the night:
Never come such division 'tween our souls!
Let it not, Brutus.

BRUTUS Every thing is well.

CASSIUS Good night, my lord.

BRUTUS Good night, good brother.

जीवन में जब कभी आता है ज्वार,
सफलता मिलती है उस की लहर
पर चढ़ कर. यदि खो दिया अवसर,
तो मिलते हैं, बस, छिछले ताल, कष्ट,
रुदन, पीड़ा--जीवन भर. वैसी ही
उत्ताल लहर पर अब खड़े हैं हम.
आओ, निकल चलें. नहीं, तो हम
डूबेंगे तट पर.

कैसियस तो यही सही.
कल निकल पड़ेंगे हम. फ़िलीपी में
होने दो टक्कर.

ब्रूटस गहरा गई है
रात. प्रकृति का पालना पड़ेगा
आदेश. थोड़ी देर कर लें विश्राम...
और कुछ?

कैसियस नहीं. शुभरात्रि. भोर
में उठेंगे हम. फिर--महा कूच.

ब्रूटस लूसियस!

(लूसियस आता है.)

मेरा चोग़ा...

(लूसियस जाता है.)

अच्छा! शुभरात्रि
मेसाला. शुभरात्रि, टिटीनियस.
कैसियस, शुभरात्रि. आज रात कर लें कुछ
विश्राम.

कैसियस प्रिय बंधुवर, बड़ा ही
अशुभ आरंभ था आज की शाम का.
फिर कभी न हो हमारे बीच यूँ
अशोभन विवाद.

ब्रूटस जो हुआ, सो हुआ.

कैसियस शुभरात्रि, सेनापति.

ब्रूटस शुभरात्रि,
प्रिय बंधु.

TITINIUS, MESSALA Good night, Lord Brutus.

BRUTUS Farewell, every one.

(Exeunt all but BRUTUS.)

(Re-enter LUCIUS, with the gown.)

Give me the gown. Where is thy instrument?

LUCIUS Here in the tent.

BRUTUS What, thou speak'st drowsily?
Poor knave, I blame thee not; thou art o'er-watch'd.
Call Claudius and some other of my men:
I'll have them sleep on cushions in my tent.

LUCIUS Varro and Claudius!

(Enter VARRO and CLAUDIUS.)

VARRO Calls my lord?

BRUTUS I pray you, sirs, lie in my tent and sleep;
It may be I shall raise you by and by
On business to my brother Cassius.

VARRO So please you, we will stand and watch your pleasure.

BRUTUS I will not have it so: lie down, good sirs;
It may be I shall otherwise bethink me.
Look, Lucius, here's the book I sought for so;
I put it in the pocket of my gown.

(VARRO and CLAUDIUS lie down.)

LUCIUS I was sure your lordship did not give it me.

टिटीनियस, मेसाला

शुभरात्रि, सेनापति.

ब्रूटस अलविदा, प्रिय मित्रो.

(ब्रूटस को छोड़ कर सब जाते हैं.)

(लूसियस चोग़ा ले कर आता है.)

ला, चोग़ा दे.

कहाँ है तेरी वीणा, लूसियस?

लूसियस यहीं शिविर में.

ब्रूटस वाणी अलसाई
सी है तेरी. बेचारा लूसियस!
दोष नहीं है तेरा. काम का बोझ है
तुझ पर. क्लौडियस के साथ बुला ले
कोई और भी. यहीं सोएँगे मेरे
शिविर में.

लूसियस वारो! क्लौडियस!

(वारो और क्लौडियस आते हैं.)

वारो स्वामी!

ब्रूटस आज रात आप सोएँ यहाँ पर, मेरे
शिविर में. हो सकता है मुझे रात
में भेजने पड़ें संदेश बंधुवर
कैसियस के पास.

वारो जो आज्ञा, स्वामी. यहाँ खड़े हैं
हम आप के आदेश की प्रतीक्षा में.

ब्रूटस नहीं, यह नहीं होगा. यहाँ लेट
जाएँ आप. शायद न ही जगाऊँ
मैं आप को.

(वारो और क्लौडियस लेटते हैं.)

देखा, लूसियस! यहाँ
मिली वह पुस्तक मेरे चोग़े में.
कभी मैं ने जेब में रखी होगी.

लूसियस मैं न कहता था, स्वामी ने नहीं
दी मुझे.

BRUTUS Bear with me, good boy, I am much forgetful.
Canst thou hold up thy heavy eyes awhile,
And touch thy instrument a strain or two?

LUCIUS Ay, my lord, an't please you.

BRUTUS It does, my boy,
I trouble thee too much, but thou art willing.

LUCIUS It is my duty, sir.

BRUTUS I should not urge thy duty past thy might;
I know young bloods look for a time of rest.

LUCIUS I have slept, my lord, already.

BRUTUS It was well done; and thou shalt sleep again;
I will not hold thee long: if I do live,
I will be good to thee.

(Music, and a song.)

This is a sleepy tune. O murderous slumber,
Lay'st thou thy leaden mace upon my boy,
That plays thee music? Gentle knave, good night;
I will not do thee so much wrong to wake thee:
If thou dost nod, thou break'st thy instrument;
I'll take it from thee; and, good boy, good night.
Let me see, let me see; is not the leaf turn'd down
Where I left reading? Here it is, I think.

(Enter the Ghost of CAESAR.)

How ill this taper burns! Ha! who comes here?
I think it is the weakness of mine eyes
That shapes this monstrous apparition.
It comes upon me. Art thou any thing?
Art thou some god, some angel, or some devil,

ब्रूटस कुछ दिन और सह ले
भले बच्चे. कुछ याद नहीं रहता
मुझे. कुछ देर जाग सकता है और? छेड़
सकता है वीणा के तार?

लूसियस जी, होगा
मन शांत.

ब्रूटस हाँ, पुत्र. बहुत सताया
है तुझे. सब सहता है तू.

लूसियस काम है
मेरा.

ब्रूटस इस तरह लादना तुझे--ठीक
नहीं है. कम उम्र को चाहिए
आराम भी.

लूसियस सो चुका हूँ मैं, स्वामी.

ब्रूटस ठीक किया. अभी फिर सो जाना तू.
अधिक नहीं रोकूँगा मैं तुझे.
जीवित बच रहा मैं, तो कर दूँगा
कल्याण.

(लूसियस गाता है.)

ब्रूटस नींद से बोझिल है यह तान. अरी
घातिनी नींद, क्यों सुला दिया तू
ने उसे, जो गा रहा था गीत तेरे
लिए?... सो जा, सो जा. मत हिला सिर.
टूट जाएँगे तार. ला. ला, मुझे दे
वीणा. सो, बेटे, सो... देखूँ कहाँ
था मैं? हाँ. यही है वह पन्ना जो
मोड़ा था मैं ने. हाँ, हाँ, यही है!

(सीज़र का भूत आता है.)

कैसे काँप रही है दीपशिखा!
क्कौ... कौन है? क्या है? आँखों का धोखा
है. कैसा भयानक आकार है! बढ़
रहा है मेरी ओर. तू क्या है?
देवता है? देवदूत है? राक्षस है तू?

That makest my blood cold, and my hair to stare?
Speak to me what thou art.

GHOST Thy evil spirit, Brutus.

BRUTUS Why com'st thou?

GHOST To tell thee thou shalt see me at Philippi.

BRUTUS Well; then I shall see thee again?

GHOST Ay, at Philippi.

BRUTUS Why, I will see thee at Philippi, then.

(Exit Ghost.)

Now I have taken heart thou vanishest:
Ill spirit, I would hold more talk with thee.
Boy, Lucius! Varro! Claudius! Sirs, awake!
Claudius!

LUCIUS The strings, my lord, are false.

BRUTUS He thinks he still is at his instrument.
Lucius, awake!

LUCIUS My lord?

BRUTUS Didst thou dream, Lucius, that thou so criedst out?

LUCIUS My lord, I do not know that I did cry.

BRUTUS Yes, that thou didst: didst thou see any thing?

LUCIUS Nothing, my lord.

BRUTUS Sleep again, Lucius. Sirrah Claudius!
(To VARRO.) Fellow thou, awake!

VARRO My lord?

CLAUDIUS My lord?

BRUTUS Why did you so cry out, sirs, in your sleep?

VARRO, CLAUDIUS Did we, my lord?

BRUTUS Ay: saw you any thing?

VARRO No, my lord, I saw nothing.

CLAUDIUS Nor I, my lord.

BRUTUS Go and commend me to my brother Cassius;
Bid him set on his powers betimes before,
And we will follow.

VARRO, CLAUDIUS It shall be done, my lord.

(Exeunt.)

जम गया है मेरा लहू. रोम रोम
रहा है सिहर... बता, तू क्या है?

भूत तेरा विद्रूप, ब्रूटस!

ब्रूटस क्यों आया है तू?

भूत यह बताने--एक बार फिर मिलेंगे हम
फ़िलीपी में.

ब्रूटस क्या? फिर मिलेंगे हम?

भूत हाँ, फ़िलीपी में.

ब्रूटस ठीक है. तो अब हम
फ़िलीपी में मिलेंगे. ठीक है न?

(भूत जाता है.)

मेरा साहस लौटा तो भाग चला!
ठहर! जाता कहाँ है! लूसियस!
वारो! क्लौडियस. जागो! क्लौडियस!

लूसियस तार ढीले हैं, स्वामी, वीणा के.

ब्रूटस समझ रहा है अभी तक छेड़ रहा है तार!

लूसियस जी, स्वामी.

ब्रूटस सपना देखा था क्या? क्यों चीखा तू?

लूसियस मैं चीखा था क्या?

ब्रूटस हाँ, चीखा था तू. कुछ देखा था क्या?

लूसियस कुछ नहीं, स्वामी.

ब्रूटस तो जा फिर सो जा.
क्लौडियस! *(वारो से)* भले मानस जाग.

वारो, क्लौडियस स्वामी?

ब्रूटस तुम नींद में क्यों चीख रहे थे?

वारो, क्लौडियस हम चीखे थे?

ब्रूटस कुछ देखा था तुम ने?

वारो नहीं, स्वामी.

क्लौडियस नही मैं ने, स्वामी.

ब्रूटस जाओ, बंधु कैसियस से कहो
तत्काल प्रयाण करें. आते हैं हम भी.

वारो, क्लौडियस जो आज्ञा, स्वामी.

(सब जाते हैं.)

ACT V

SCENE I

The plains of Philippi.
(Enter OCTAVIUS, ANTONY, and their army.)

OCTAVIUS Now, Antony, our hopes are answered.
You said the enemy would not come down,
But keep the hills and upper regions.
It proves not so: their battles are at hand;
They mean to warn us at Philippi here,
Answering before we do demand of them.

ANTONY Tut, I am in their bosoms, and I know
Wherefore they do it: they could be content
To visit other places; and come down
With fearful bravery, thinking by this face
To fasten in our thoughts that they have courage;
But 'tis not so.

(Enter a Messenger.)

Messenger Prepare you, generals:
The enemy comes on in gallant show;
Their bloody sign of battle is hung out,
And something to be done immediately.

ANTONY Octavius, lead your battle softly on,
Upon the left hand of the even field.

OCTAVIUS Upon the right hand I; keep thou the left.

ANTONY Why do you cross me in this exigent?

अंक ५

दृश्य १

फ़िलीपी का मैदान.
(आक्टेवियस, एंटनी और उन की सेनाएँ आती हैं.)

आक्टेवियस मन की सभी मुरादें मिल गईं
हमें. एंटनी, तुम्हारा विचार
था, शत्रु नीचे नहीं उतरेगा.
रहेगा ऊपर पर्वत पर.
नहीं हुआ वैसा. उतर आया.
ललकारा तक नहीं हम ने, लड़ने
चला आया हम से फ़िलीपी में.

एंटनी जानता हूँ मैं--क्या है उन के मन में.
चाहते हैं वे हम से दूर रहना, पर
करने चले आए हैं साहस का
दिखावा. बस यूँ ही--हमें डराने.

(संदेशवाहक आता है.)

संदेशवाहक सेनापतियो, तैयार! चला आ रहा
है शत्रु दनदनाता. युद्ध की
रक्तिम ध्वजा फहरा दी उस ने. कुछ
करना होगा तत्काल.

एंटनी आक्टेवियस, तुम सँभालो बायाँ
समतल मैदान.

आक्टेवियस नहीं, मैं रहूँगा दाहिनी ओर.
वाम पक्ष सँभालें आप.

एंटनी संकट की इस
घड़ी में काटते हो बात?

OCTAVIUS I do not cross you; but I will do so.

(March.)

(Drum. Enter BRUTUS, CASSIUS, and their Army; LUCILIUS, TITINIUS, MESSALA, and others.)

BRUTUS They stand, and would have parley.

CASSIUS Stand fast, Titinius: we must out and talk.

OCTAVIUS Mark Antony, shall we give sign of battle?

ANTONY No, Caesar, we will answer on their charge.
Make forth; the generals would have some words.

OCTAVIUS Stir not until the signal.

BRUTUS Words before blows: is it so, countrymen?

OCTAVIUS Not that we love words better, as you do.

BRUTUS Good words are better than bad strokes, Octavius.

ANTONY In your bad strokes, Brutus, you give good words:
Witness the hole you made in Caesar's heart,
Crying 'Long live! hail, Caesar!'

CASSIUS Antony,
The posture of your blows are yet unknown;
But for your words, they rob the Hybla bees,
And leave them honeyless.

ANTONY Not stingless too.

BRUTUS O, yes, and soundless too;
For you have stol'n their buzzing, Antony,
And very wisely threat before you sting.

आक्टेवियस बात नहीं
काटता हूँ. पर जो कहा है--होगा
वही.

(प्रयाण की धुन.)

(नगाड़ा. ब्रूटस, कैसियस और सेनाएँ आती हैं. साथ में हैं लूसीलियस, टिटीनियस, मेसाला तथा अन्य.)

ब्रूटस वे खड़े हैं. करना चाहते हैं बात.

कैसियस रुक जा! सावधान! टिटीनियस, कर आएँ
हम बात.

आक्टेवियस मार्क एंटनी, युद्ध संकेत
कर दें हम?

एंटनी नहीं, सीज़र, करने दो
उन्हें आघात. हम देंगे उत्तर. पर
पहले वे करना चाहते हैं कुछ बात.

आक्टेवियस संकेत से पहले न करे कोई आघात.

ब्रूटस आघात से पहले संभाषण. क्यों?

आक्टेवियस भाषण का मोह तो तुम्हें है, हमें
नहीं.

ब्रूटस बुरे वार से तो अच्छा है
अच्छा भाषण.

एंटनी बुरे वार में, ब्रूटस,
तुम करते हो अच्छा भाषण.
घोंप रहे थे तलवार जब सीज़र के
सीने में, कह रहे थे: 'सीज़र की
जय हो!'

ब्रूटस एंटनी, अभी देखने हैं
तेरे पैंतरे. लेकिन, तेरा भाषण!
मधुवन से भी चुरा लेता है मिठास.

एंटनी साथ में डंक भी.

ब्रूटस और भनभनाहट भी.
डंक मारने से पहले क्या ख़ूब
भनभनाता है तू.

ANTONY Villains, you did not so, when your vile daggers
Hack'd one another in the sides of Caesar:
You show'd your teeth like apes, and fawn'd like hounds,
And bow'd like bondmen, kissing Caesar's feet;
Whilst damned Casca, like a cur, behind
Struck Caesar on the neck. O you flatterers!

CASSIUS Flatterers! Now, Brutus, thank yourself:
This tongue had not offended so to-day,
If Cassius might have ruled.

OCTAVIUS Come, come, the cause: if arguing make us sweat,
The proof of it will turn to redder drops. Look;
I draw a sword against conspirators;
When think you that the sword goes up again?
Never, till Caesar's three and thirty wounds
Be well avenged; or till another Caesar
Have added slaughter to the sword of traitors.

BRUTUS Caesar, thou canst not die by traitors' hands,
Unless thou bring'st them with thee.

OCTAVIUS So I hope;
I was not born to die on Brutus' sword.

BRUTUS O, if thou wert the noblest of thy strain,
Young man, thou could'st not die more honourable.

CASSIUS A peevish schoolboy, worthless of such honour,
Join'd with a masker and a reveller!

ANTONY Old Cassius still!

OCTAVIUS Come, Antony, away!
Defiance, traitors, hurl we in your teeth,

एंटनी पापी, ग़द्दार!
नहीं भनभाया तू, सीज़र के
सीने में जब तू ने घोंपी तलवार?
बंदरों की तरह निपोर रहा
था खीसें, कुत्तों की तरह हिला
रहा था दुम, और दासों की तरह
चूम रहा था चरण... अधम कास्का!
गीदड़ की संतान! छिप कर पीठ पर उस
ने किया था वार! चापलूस कहीं के!

कैसियस चापलूस! देखा, ब्रूटस! क्यों आप ने
नहीं मानी मेरी बात? क्यों बच
रहा यह दुष्ट कहने को यह बात!

आक्टेवियस करो सिद्धांत की बात. तर्क से जो
बहने लगे पसीने की धार, तो--
लो तलवार, बहने दो लहू की धार.
ग़द्दारो, लो खींच ली मैं ने तलवार.
सीज़र के शरीर में किए थे तुम
ने तैंतीस घाव. हर घाव का बदला
ले कर बुझेगी इस की प्यास... या जब जान
ले लोगे मेरी--तुम, पापी, ग़द्दार!

ब्रूटस ग़द्दार? वे होंगे तेरे शिविर में.
मारेंगे वही तुझे.

आक्टेवियस हाँ, हाँ. नहीं
मार सकती है मुझे तेरी तलवार.

ब्रूटस बड़े से बड़ों को नहीं मिलती
इस से अच्छी मौत.

कैसियस छोकरा कहीं का!
चला आया लड़ने. साथ ले आया
कलंदर, भांड.

एंटनी नहीं गई अब तक
कैसियस की कसयाहट.

आक्टेवियस मार्क एंटनी,
चलो. छोड़ो... ग़द्दारो, ललकारते

If you dare fight to-day, come to the field;
If not, when you have stomachs.

(Exeunt OCTAVIUS, ANTONY, and their army.)

CASSIUS Why, now, blow wind, swell billow and swim bark!
The storm is up, and all is on the hazard.

BRUTUS Ho, Lucilius! hark, a word with you.

LUCILIUS *(Standing forth.)* My lord?

(BRUTUS and LUCILIUS converse apart.)

CASSIUS Messala!

MESSALA *(Standing forth.)* What says my general?

CASSIUS Messala,
This is my birth-day; as this very day
Was Cassius born. Give me thy hand, Messala:
Be thou my witness that against my will,
As Pompey was, am I compell'd to set
Upon one battle all our liberties.
You know that I held Epicurus strong
And his opinion: now I change my mind,
And partly credit things that do presage.
Coming from Sardis, on our former ensign
Two mighty eagles fell, and there they perch'd,
Gorging and feeding from our soldiers' hands;
Who to Philippi here consorted us:
This morning are they fled away and gone;

है तुम्हें हम. साहस है तो आओ
मैदान में. या जब फिर कभी हिम्मत
हो, तो चले आना जौहर देखने.

(आक्टेवियस, एंटनी और उन की सेनाएँ जाते हैं.)

कैसियस *लो, अब चल पड़ी आँधी*
प्रलय का घोर घन गर्जन
लगा है दाँव पर सब कुछ
लहर पर झूलता जीवन

ब्रूटस लूसीलियस, सुन तो.

लूसीलियस *(आगे बढ़ता है)* स्वामी?

(ब्रूटस और लूसीलियस अलग हट कर बात करते हैं.)

कैसियस मेसाला.

मेसाला *(आगे बढ़ता है)* क्या आदेश है, सेनापति?

कैसियस मेसाला, आज मेरा जन्मदिन है.
कैसियस ने आज ही के दिन प्रथम
संसार देखा. हाथ दो, नरवीर, अपना.
तुम देखते हो, पोंपेई सरीखा
ही विवश मैं. हैं दाँव पर अधिकार
सारे, स्वाधीनता हम रोमनों की. एक
ही मुठभेड़ में हो खेल पूरा--क्या
सही है यह तरीक़ा? और तुम यह
जानते हो--अंधविश्वासी नहीं मैं.
हों शकुन--अच्छे बुरे, माने नहीं
मैं ने. पर, न जाने क्यों, आज सारे
विपरीत लक्षण दिख रहे हैं, और उन
में हो रहा विश्वास मुझ को.
थे सौभाग्य के सूचक गरुड़ दो.
मार्ग में ध्वजदंड पर वे आ
विराजे. थे शौक़ से स्वीकार करते
बलिभोग सारे, जो उन्हें सैनिक
खिलाते. साथ चलते आ रहे थे.
पर न जाने क्यों, कहाँ, कब छोड़ वे
हम को सिधारे. और अब आकाश में

And in their steads do ravens, crows and kites,
Fly o'er our heads and downward look on us,
As we were sickly prey: their shadows seem
A canopy most fatal, under which
Our army lies, ready to give up the ghost.

MESSALA Believe not so.

CASSIUS I but believe it partly;
For I am fresh of spirit and resolved
To meet all perils very constantly.

BRUTUS Even so, Lucilius.

CASSIUS Now, most noble Brutus,
The gods to-day stand friendly, that we may,
Lovers in peace, lead on our days to age!
But since the affairs of men rest still incertain,
Let's reason with the worst that may befall.
If we do lose this battle, then is this
The very last time we shall speak together:
What are you then determined to do?

BRUTUS Even by the rule of that philosophy
By which I did blame Cato for the death
Which he did give himself, I know not how,
But I do find it cowardly and vile,
For fear of what might fall, so to prevent
The time of life: arming myself with patience
To stay the providence of some high powers
That govern us below.

CASSIUS Then, if we lose this battle,
You are contented to be led in triumph
Thorough the streets of Rome?

BRUTUS No, Cassius, no: think not, thou noble Roman,

मँडरा रहे हैं चील कौवे, नोंचने
को तन हमारे. छा रही है मौत
की विकराल छाया.

मेसाला हैं सभी विश्वास
ये मिथ्या.

कैसियस सत्य इन को मानता मैं
भी नहीं हूँ. और मुझ में पूर्ण है
संग्राम का उत्साह. संकटों से जूझने
तत्पर खड़ा हूँ.

ब्रूटस तो, लूसीलियस, ठीक
है यह...

कैसियस मार्क ब्रूटस, हमारे
देश के नेता... हैं हमारे साथ सारे
देव. मित्र, साथ थे सुखशांति में हम,
साथ भोगेंगे विजय भी. पर सभी
परिणाम रण के हैं अनिश्चित.
हार का मुँह देखना हम को पड़े,
तो यह मिलन अंतिम मिलन होगा
हमारा. क्या करेंगे आप ऐसी
आपदा में?

ब्रूटस नहीं जानता कैसे कैटो ने
मौत वरी थी. मुझ को वह साहसहीन
लगी थी. कुत्सित थी वह मौत. भयभीत
पलायन थी वह मौत. जो पड़ेंगी
आपदाएँ--मैं सहूँगा. और जब तक साँस
है, भाग्य से लड़ता रहूँगा.

कैसियस मान
लो--हम हार जाएँ, वे आप को बंदी
बना लें, शृंखला से हाथ बांधें, पैर
बाँधें, भाल पर कालिख लगाएँ और
फिर पूरे नगर में वे निकालें...

ब्रूटस नही, कैसियस! नहीं! नहीं!
ऐसी बात मत बोलो! नहीं! मैं

That ever Brutus will go bound to Rome;
He bears too great a mind. But this same day
Must end that work the ides of March begun;
And whether we shall meet again I know not.
Therefore our everlasting farewell take:
For ever, and for ever, farewell, Cassius!
If we do meet again, why, we shall smile;
If not, why then, this parting was well made.

CASSIUS For ever, and for ever, farewell, Brutus!
If we do meet again, we'll smile indeed;
If not, 'tis true this parting was well made.

BRUTUS Why, then, lead on. O, that a man might know
The end of this day's business ere it come!
But it sufficeth that the day will end,
And then the end is known. Come, ho! away!

(Exeunt.)

SCENE II

The same. The field of battle.
(Alarum. Enter BRUTUS and MESSALA.)

BRUTUS Ride, ride, Messala, ride, and give these bills
Unto the legions on the other side.

(Loud alarum.)

Let them set on at once; for I perceive
But cold demeanor in Octavius' wing,
And sudden push gives them the overthrow.
Ride, ride, Messala: let them all come down.

(Exeunt.)

रोम में यूँ चल नहीं सकता. सोचो,
यही सोचो--हमें अब मार्च की
उस क्रांति को संपूर्ण करना है.
पर अब मिलन कब हो हमारा--कौन
जाने? तो, मित्रवर, मिल लो गले.
विदा, अलविदा. दोस्तो, अलविदा.
फिर मिले तो फिर हँसेंगे. मिल ना
पाए तो--यह विदा सुंदर विदा है.

कैसियस विदा, अलविदा. दोस्तो, अलविदा.
फिर मिले तो फिर हँसेंगे. मिल ना
पाए तो--यह विदा सुंदर विदा है.

ब्रूटस तो, चलो, आगे बढ़ो. नरवीर, तुम
सेना सँभालो... अंत अपने हर
किए का, काश, मानव देख पाता. हर्ष
की, पर, बात यह है--आज संध्या पूर्व
ही हम देख लेंगे अंत अपना...

(सब जाते हैं.)

दृश्य २

फिलीपी. युद्धक्षेत्र.
(तूर्यनाद. ब्रूटस और मेसाला.)

ब्रूटस मेसाला, लो, आदेश लो, जल्दी करो.
उस ओर सेना से कहो--उखड़ गए
आक्टेवियस के पाँव. आओ यहाँ तत्काल.
बस, एक हल्ला और! फिर अपनी विजय
है. जल्दी करो. तत्काल जाओ...

(जाते हैं.)

SCENE III

Another part of the field.
(Alarums. Enter CASSIUS and TITINIUS.)

CASSIUS O, look, Titinius, look, the villains fly!
Myself have to mine own turn'd enemy:
This ensign here of mine was turning back;
I slew the coward, and did take it from him.

TITINIUS O Cassius, Brutus gave the word too early,
Who, having some advantage on Octavius,
Took it too eagerly: his soldiers fell to spoil,
Whilst we by Antony are all enclosed.

(Enter PINDARUS.)

PINDARUS Fly further off, my lord, fly further off!
Mark Antony is in your tents, my lord ,
Fly, therefore, noble Cassius, fly far off.

CASSIUS This hill is far enough. Look, look, Titinius;
Are those my tents where I perceive the fire?

TITINIUS They are, my lord.

CASSIUS Titinius, if thou lov'st me,
Mount thou my horse, and hide thy spurs in him,
Till he have brought thee up to yonder troops,
And here again; that I may rest assured
Whether yond troops are friend or enemy.

दृश्य ३

फ़िलीपी. रण का एक अन्य कोना.
(तूर्यनाद. कैसियस और टिटीनियस आते हैं.)

कैसियस टिटीनियस, यह देखो. कायर कहीं
के! भगोड़े! ये भागते हैं छोड़ कर
मैदान. आज अपनों पर उठाना पड़
रहा है हाथ मुझ को. ध्वजवाह मेरा
भागता था छोड़ कर मैदान... उस को मार
डाला. और अपना ध्वज स्वयं मैं ने
सँभाला...

टिटीनियस ज़रा सी भूल कर बैठे
हमारे मार्क ब्रूटस. आक्टेवियस
पीछे हटा थोड़ा, वे चढ़ गए
आगे--बिना सोचे, बिना समझे.
भूल कर लड़ना, लूटने में जुट गए
सैनिक हमारे, और--एंटनी ने
घेरा हमें तत्काल.

(पिंडारस आता है.)

पिंडारस भागिए, स्वामी. दौडिए, स्वामी.
अब छावनी में आप की शत्रु की
सेनी घुसी. फूँक डाले सब शिविर.
भागिए, स्वामी. दौड़िए, स्वामी.

कैसियस यह पहाड़ी है सुरक्षित. देख तो
टिटीनियस, देख तो. जो जल रहे
हैं, वे शिविर मेरे शिविर हैं?

टिटीनियस हाँ,
वे हमारे ही शिविर हैं.

कैसियस मित्र,
ले, अश्व ले मेरा. लगा दे एड़.
देख कर तो आ... कौन से सैनिक हैं वे?
दुश्मनों के या हमारे?

TITINIUS I will be here again, even with a thought.

(Exit.)

CASSIUS Go, Pindarus, get higher on that hill;
My sight was ever thick; regard Titinius,
And tell me what thou notest about the field.

(PINDARUS ascends the hill.)

This day I breathed first: time is come round,
And where I did begin, there shall I end;
My life is run his compass. Sirrah, what news?

PINDARUS *(Above.)* O my lord!

CASSIUS What news?

PINDARUS *(Above.)* Titinius is enclosed round about
With horsemen, that make to him on the spur;
Yet he spurs on. Now they are almost on him.
Now, Titinius! Now some light. O, he lights too.
He's ta'en.

(Shout.)

And, hark! they shout for joy.

CASSIUS Come down, behold no more.
O, coward that I am, to live so long,
To see my best friend ta'en before my face!

(PINDARUS descends.)

Come hither, sirrah:
In Parthia did I take thee prisoner;
And then I swore thee, saving of thy life,
That whatsoever I did bid thee do,
Thou shouldst attempt it. Come now, keep thine oath;
Now be a freeman: and with this good sword,
That ran through Caesar's bowels, search this bosom.

टिटीनियस बस, यूँ गया, आया.

(जाता है.)

कैसियस पिंडारस, सुन, चढ़ तो इस टीले पर.
देख तो, क्या हो रहा है.

(पिंडारस टीले पर चढ़ता है.)

मैं ने लिया था साँस पहला आज ही
के दिन. चक्र मेरे काल का पूरा
चुका है घूम. आज ही आरंभ था.
आज होगा अंत... पिंडारस, बता
तो, क्या हो रहा है?

पिंडारस *(ऊपर से)* हाय, स्वामी!

कैसियस क्या हुआ?

पिंडारस *(ऊपर से)* घिर गया, टिटीनियस, घिर गया
सवारों से. भागता है वह. दौड़ते
हैं वे. लो, आ गए, वे पास उस के
आ गए. नीचे उतर आए,
उतर गया वह भी. पकड़ा गया.

(शोर.)

सुनिए, स्वामी, यह हर्षनाद!

कैसियस आ, उतर, नीचे उतर. मत देख अब
कुछ और. मैं स्वयं भी कापुरुष हूँ.
मित्र मेरा सामने मेरे गया.
धिक! जी रहा हूँ मैं!

(पिंडारस नीचे उतरता है)

आ, यहाँ आ,
दास मेरे. युद्ध में मैं ने तुझे
बंदी बनाया. था नहीं मारा
तुझे इस शर्त पर--आदेश मेरे
तू सदा माना करेगा. आदेश
अंतिम मानना है आज तुझ को. मुक्त मैं
तुझ को करूँगा. फिर लौट जा तू देश.
जिस से मरा सीज़र, वही तलवार

Stand not to answer: here, take thou the hilts;
And, when my face is cover'd, as 'tis now,
Guide thou the sword.

(PINDARUS stabs him.)

Caesar, thou art revenged,
Even with the sword that kill'd thee.

(Dies.)

PINDARUS So, I am free; yet would not so have been,
Durst I have done my will. O Cassius,
Far from this country Pindarus shall run,
Where never Roman shall take note of him.

(Exit.)

(Re-enter TITINIUS with MESSALA.)

MESSALA It is but change, Titinius; for Octavius
Is overthrown by noble Brutus' power,
As Cassius' legions are by Antony.

TITINIUS These tidings will well comfort Cassius.

MESSALA Where did you leave him?

TITINIUS All disconsolate,
With Pindarus his bondman, on this hill.

MESSALA Is not that he that lies upon the ground?

TITINIUS He lies not like the living. O my heart!

MESSALA Is not that he?

TITINIUS No, this was he, Messala,
But Cassius is no more. O setting sun,
As in thy red rays thou dost sink to-night,
So in his red blood Cassius' day is set;

है यह. चीर दे इस से कलेजा. बोल
मत. ले, पकड़! तलवार की यह मूठ, ले!
इस तरह जब ढाँप लूँ चेहरा, तो घोंप
दे तलवार.

(पिंडारस तलवार घोंपता है.)

ले, सीज़र, पूरा हुआ
प्रतिशोध तेरा--उसी तलवार ने
मारा मुझे जिस से मरा तू.

(मरता है.)

पिंडारस मुक्त हूँ मैं अब. पर चाहता मैं मुक्ति
ऐसी तो नहीं था! कैसियस, स्वामी!
लीजिए, मैं भागता हूँ... हाँ, छू न
पाएगा मुझे अब कोई रोमन.

(जाता है.)

(टिटीनियस और मेसाला आते हैं.)

मेसाला है न अनोखा संयोग, टिटीनियस.
ब्रूटस ने हरा दिया आक्टेवियस
को, और कैसियस की सेना को खदेड़
दिया एंटनी ने.

टिटीनियस चलो, कुछ तो
है जिसे सुन कर ख़ुश होंगे, कैसियस.

मेसाला कहाँ छोड़ गए थे तुम उन्हें?

टिटीनियस यहीं
थे. अवसाद में डूबे. पिंडारस
साथ था.

मेसाला वे तो नहीं--धरती पर?

टिटीनियस जीवित
तो नहीं लगते. हाय!

मेसाला वही हैं न.

टिटीनियस वे हैं नहीं, वे थे. कैसियस
नहीं रहे. सूर्य, तू जाता है
रक्तिम आभा के साथ. वैसे ही
लहू में हुआ कैसियस महान

The sun of Rome is set! Our day is gone:
Clouds, dews, and dangers come; our deeds are done!
Mistrust of my success hath done this deed.

MESSALA Mistrust of good success hath done this deed.
O hateful error, melancholy's child,
Why dost thou show to the apt thoughts of men
The things that are not? O error, soon conceived,
Thou never comest unto a happy birth,
But kill'st the mother that engender'd thee!

TITINIUS What, Pindarus! where art thou, Pindarus?

MESSALA Seek him, Titinius, whilst I go to meet
The noble Brutus, thrusting this report
Into his ears; I may say, thrusting it;
For piercing steel and darts envenomed
Shall be as welcome to the ears of Brutus
As tidings of this sight.

TITINIUS Hie you, Messala,
And I will seek for Pindarus the while.

(Exit MESSALA.)

Why didst thou send me forth, brave Cassius?
Did I not meet thy friends? and did not they
Put on my brows this wreath of victory,
And bid me give it thee? Didst thou not hear their shouts?
Alas, thou hast misconstrued every thing!
But, hold thee, take this garland on thy brow;
Thy Brutus bid me give it thee, and I
Will do his bidding. Brutus, come apace,
And see how I regarded Caius Cassius.

का अवसान. अस्त हो गया रोम का
सूर्य! ढल गया हमारा दिन. घिर
रहे हैं बादल, धुंध, अंधकार, कष्ट.
यही था--हमारे उद्यमों का अंत?
जो विजय थी--हार समझे आप.

मेसाला कुटिल
परिणाम शंका का. ओ घातिनी
शंका, अवसाद की संतान! क्यों घेरती
है तू मानवों के मन? जो नहीं है,
क्यों दिखाती है वही संकट? शीघ्र
ही तू जड़ पकड़ती है. कभी देती
नहीं शुभ फल. तुझे जो जन्म देता
है, उसी का नाश करती है.

टिटीनियस पिंडारस! पिंडारस! कहाँ है तू?

मेसाला टिटीनियस, ढूढ़ो पिंडारस को...
मैं चलूँ. तप्त सीसे सी ख़बर
यह सेनापति के कान में डालूँ.
घोर निर्मम कर्म है यह. क्या करूँ?
करना पड़ेगा.

टिटीनियस हाँ, जाओ, मेसाला.
ढूँढ़ता हूँ मैं पिंडारस को...

(मेसाला जाता है.)

मित्र कैसियस, क्यों आप ने भेजा
मुझे? मार्ग में मुझ को मिले जो
आप के वे मित्र थे. उन्हीं ने रखी
थी भाल पर मेरे यह विजय की माल.
यह कहा था, आप को यह दूँ. आप सुन
पाए नहीं क्या हर्ष का वह घोष?
हा, शोक! समझा आप ने कुछ और! अब
धारिए, स्वामी, यह विजय की माल.
आप के मनमीत ब्रूटस का विजय उपहार!
हो कहाँ, ब्रूटस? मुझे देखो. मैं
कैसियस का मीत. मैं? यहाँ जीवित

By your leave, gods:--this is a Roman's part
Come, Cassius' sword, and find Titinius' heart.

(Kills himself.)

(Alarum. Re-enter MESSALA, with BRUTUS, CATO, STRATO, VOLUMNIUS, and LUCILIUS.)

BRUTUS Where, where, Messala, doth his body lie?

MESSALA Lo, yonder, and Titinius mourning it.

BRUTUS Titinius' face is upward.

CATO He is slain.

BRUTUS O Julius Caesar, thou art mighty yet!
Thy spirit walks abroad and turns our swords
In our own proper entrails.

(Low alarums.)

CATO Brave Titinius!
Look, whether he have not crown'd dead Cassius!

BRUTUS Are yet two Romans living such as these?
The last of all the Romans, fare thee well!
It is impossible that ever Rome
Should breed thy fellow. Friends, I owe more tears
To this dead man than you shall see me pay.
I shall find time, Cassius, I shall find time.
Come, therefore, and to Thasos send his body:
His funerals shall not be in our camp,
Lest it discomfort us. Lucilius, come;
And come, young Cato; let us to the field.
Labeo and Flavius, set our battles on:
'Tis three o'clock; and, Romans, yet ere night
We shall try fortune in a second fight.

(Exeunt.)

अकेला. देवगण, मुझ को क्षमा करना.
यह रोम की है रीत. तलवार मेरे
मीत की है तू. ले, वक्ष में मेरे
उतर जा...

(मरता है.)

(तूर्यनाद. ब्रूटस, कैटो, स्ट्रेटो और लूसीलियस के साथ मेसाला आता है.)

ब्रूटस कहाँ है? किधर है? मेसाला, मेरे
कैसियस का शव कहाँ है?

मेसाला वहाँ, वह.
शोक संतप्त टिटीनियस के पास...

ब्रूटस हैं! टिटीनियस तो चित पड़ा है.

कैटो मर गया वह.

ब्रूटस सीज़र महानायक
अभी तक तुम बली हो. तुम्हारी
आत्मा अब तक धरा पर डोलती है.
वह हमारे खड्ग हम में घोंपती है.

(धीमा तूर्य.)

कैटो वीर टिटीनियस! देखिए यह माला--
कैसियस के भाल पर उस ने सजाई.

ब्रूटस इन सरीखे वीर रोमन और हैं क्या?
रोम के अंतिम सपूतो, लो विदा.
है असंभव रोम माता जन सके
अब वीर तुम जैसे. कैसियस, मनमीत,
रोऊँगा मैं.. कभी और... थासोस भेज दो.
हैं पुण्य ये अवशेष. वहीं हो कर्म
इन का. यहाँ संकट रहेगा.
लूसीलियस, चलो. चलो, नौजवान
कैटो, चलो. लाबियो औ' फ़्लावियस
कर रहे हैं व्यूह रचना. बजे हैं तीन.
चलो, फिर से करें संघर्ष. रात
से पहले हम फिर भाग्य खोजें.

(सब जाते हैं.)

SCENE IV

Another part of the field.

(Alarum. Enter fighting, Soldiers of both armies; then BRUTUS, CATO, LUCILIUS, and others.)

BRUTUS Yet, countrymen, O, yet hold up your heads!

(Exit.)

CATO What bastard doth not? Who will go with me?
I am the son of Marcus Cato, ho!
A foe to tyrants, and my country's friend;
I am the son of Marcus Cato, ho!

LUCILIUS And I am Brutus, Marcus Brutus, I!
Brutus, my country's friend; know me for Brutus!
O young and noble Cato, art thou down?
Why, now thou diest as bravely as Titinius;
And mayst be honour'd, being Cato's son.

First Soldier Yield, or thou diest.

LUCILIUS Only I yield to die:
There is so much that thou wilt kill me straight;

(Offering money.)

Kill Brutus, and be honour'd in his death.

First Soldier We must not. A noble prisoner!

Second Soldier Room, ho! Tell Antony, Brutus is ta'en.

First Soldier I'll tell the news. Here comes the general.

(Enter ANTONY.)

Brutus is ta'en, Brutus is ta'en, my lord.

दृश्य ४

रणक्षेत्र का एक अन्य भाग.

(तूर्यनाद. युद्धरत सैनिक आते हैं. फिर ब्रूटस, कैटो, लूसीलियस क्षथा अन्य.)

ब्रूटस देश प्रेमियो, रोमनो, वीरो, उठो, फिर
सिर उठाओ, ध्वज उठाओ. बढ़ो. जीतो.

(जाता है.)

कैटो उठो. माँ के लाल हो तुम. चलो
मेरे साथ. संग्राम में घोषित करूँगा
मैं आज अपना नाम. कैटो हूँ मैं.
पुत्र हूँ मैं मार्क कैटो का. शत्रु का
मैं काल हूँ. पुत्र हूँ मैं मार्क कैटो का.

लूसीलियस और मैं हूँ ब्रूटस--मार्कस ब्रूटस.
मैं ब्रूटस हूँ, देश का दीवाना. मैं
हूँ आज़ादी का परवाना. दोस्तो,
आज मुझे समझो ब्रूटस...
कैटो! वीर बालक! गिर गए तुम? धन्य
हो तुम. वीर हो, महान. टिटीनियस
समान. वीर थे कैटो, तुम वीर की संतान.

पहला सैनिक बोल, क़ैद या मौत?

लूसीलियस मौत, बस, मौत. मार दे. ले
धन.

(धन देता है.)

मार दे तत्काल. ब्रूटस हूँ मैं.
मार दे मुझ को, कमा ले यश.

पहला सैनिक नहीं, मारना नहीं है. बड़ा शिकार है.

दूसरा सैनिक मार्ग दो. मार्ग दो. सेनापति मार्क एंटनी
को बताओ, पकड़ा गया ब्रूटस.

पहला सैनिक हाँ, मैं दूँगा समाचार. लो आ गए सेनापति.

(एंटनी आता है).

ब्रूटस, पकड़ा गया! पकड़ा गया ब्रूटस!

ANTONY Where is he?

LUCILIUS Safe, Antony; Brutus is safe enough:
I dare assure thee that no enemy
Shall ever take alive the noble Brutus:
The gods defend him from so great a shame!
When you do find him, or alive or dead,
He will be found like Brutus, like himself.

ANTONY This is not Brutus, friend; but, I assure you,
A prize no less in worth: keep this man safe;
Give him all kindness: I had rather have
Such men my friends than enemies. Go on,
And see whether Brutus be alive or dead;
And bring us word unto Octavius' tent
How every thing is chanc'd.

(Exeunt.)

SCENE V

Another part of the field.

(Enter BRUTUS, DARDANIUS, CLITUS, STRATO, and VOLUMNIUS.)

BRUTUS Come, poor remains of friends, rest on this rock.

CLITUS Statilius show'd the torch-light, but, my lord,
He came not back: he is or ta'en or slain.

BRUTUS Sit thee down, Clitus: slaying is the word;
It is a deed in fashion. Hark thee, Clitus.

(Whispers.)

एंटनी कहाँ है?

लूसीलियस एंटनी, वे सुरक्षित हैं, दूर हैं तुम
से. जो उन्हें पकड़े, अभी जनमा
नहीं कोई. देवता अपमान उन का
इस तरह होने नहीं देंगे. जब,
जहाँ, जीवित, अजीवित--मिलेंगे
वे तुम्हें, वे अजित होंगे. मार्क
ब्रूटस! वीर ब्रूटस!

एंटनी नहीं है, ब्रूटस नहीं है यह. पर नहीं
है कम किसी से. मत मारना इस को.
रखो सम्मान से. मित्र होने योग्य
हैं नरवीर सब ऐसे. चलो, आगे
बढ़ो. ढूंढ़ो, कहाँ हैं मार्क ब्रूटस.
आक्टेवियस के शिविर में आ कर
ख़बर दो...

(सब जाते हैं.)

दृश्य ५

रणक्षेत्र. एक अन्य कोना.

(ब्रूटस, डार्डेनियस, क्लीटस, स्ट्रैटो और वोलुमनियस आते हैं.)

ब्रूटस बस यही है शेष जो भारी कटक
था. मित्रगण, आओ, यहाँ बैठो
शिला पर. दो घड़ी आराम कर लें.

क्लीटस स्टैटीलियस... बेचारा... था
दिया संकेत उस ने... लौट कर
हम तक न आया. पकड़ा गया--
या वीरगति उस को मिली है.

ब्रूटस आ, क्लीटस, आ, बैठ पल दो पल. आजकल
तो वीरगति का ही चलन है... सुन,
क्लीटस... *(फुसफुसाता है.)*

CLITUS What, I, my lord? No, not for all the world.
BRUTUS Peace then! no words.
CLITUS I'll rather kill myself.
BRUTUS Hark thee, Dardanius.
(Whispers.)
DARDANIUS Shall I do such a deed?
CLITUS O Dardanius!
DARDANIUS O Clitus!
CLITUS What ill request did Brutus make to thee?
DARDANIUS To kill him, Clitus. Look, he meditates.
CLITUS Now is that noble vessel full of grief,
That it runs over even at his eyes.
BRUTUS Come hither, good Volumnius; list a word.
VOLUMNIUS What says my lord?
BRUTUS Why, this, Volumnius:
The ghost of Caesar hath appear'd to me
Two several times by night; at Sardis once,
And, this last night, here in Philippi fields:
I know my hour is come.
VOLUMNIUS Not so, my lord.
BRUTUS Nay, I am sure it is, Volumnius.
Thou seest the world, Volumnius, how it goes;
Our enemies have beat us to the pit:
(Low alarums.)
It is more worthy to leap in ourselves,
Than tarry till they push us. Good Volumnius,
Thou know'st that we two went to school together:
Even for that our love of old, I prithee,
Hold thou my sword-hilts, whilst I run on it.
VOLUMNIUS That's not an office for a friend, my lord.
(Alarum still.)

क्लीटस मैं? नहीं. कभी नहीं!

ब्रूटस चुप,

मत बोल.

क्लीटस मैं स्वयं को मार लूँगा.

ब्रूटस डार्डेनियस, सुन तो.

(फुसफुसाता है.)

डार्डेनियस मैं करूँ यह काम?

ब्रूटस मित्र! डार्डेनियस!

क्लीटस क्या अशुभ आदेश नायक ने दिया
तुझ को?

डार्डेनियस कह रहे हैं मार दे. देख
तो! संतप्त हैं, शोक मुद्रा में,
समाधि में.

क्लीटस लहलहाता है हृदय में शोक का
सागर. नयन से नीर बह आया.

ब्रूटस वोलूमनियस, यहाँ आ. बात सुन!

वोलूमनियस क्या बात है, स्वामी?

ब्रूटस यही, बस. भूत सीज़र का... आ चुका
है... रात में दो बार. सार्डिस में भी... यहाँ
कल रात. जानता हूँ आ गया है काल.

वोलूमनियस नहीं, स्वामी, नहीं. नहीं.

ब्रूटस यही है
सत्य... वोलुमनियस, यह सत्य है
कठोर. काल को पहचान. शत्रु ने
पहुँचा दिया हम को, है जहाँ पाताल.

(नेपथ्य में हलका शोर.)

ठीक है, कूदें स्वयं इस में
अन्यथा वे ही धकेलेंगे हमें
गहरे. साथ था तू पाठशाला में. है
वास्ता बीते समय का. दौड़ कर आता
हूँ मैं. ले तलवार तू. यूँ थाम.

वोलुमनियस मित्र का यह तो नहीं है काम.

(नेपथ्य में शोर.)

CLITUS Fly, fly, my lord; there is no tarrying here.

BRUTUS Farewell to you; and you; and you, Volumnius.
Strato, thou hast been all this while asleep;
Farewell to thee too, Strato. Countrymen,
My heart doth joy that yet in all my life
I found no man but he was true to me.
I shall have glory by this losing day
More than Octavius and Mark Antony
By this vile conquest shall attain unto.
So fare you well at once; for Brutus' tongue
Hath almost ended his life's history:
Night hangs upon mine eyes; my bones would rest,
That have but labour'd to attain this hour.

(Alarum. Cry within, 'Fly, fly, fly!'.)

CLITUS Fly, my lord, fly!

BRUTUS Hence! I will follow.

(Exeunt CLITUS, DARDANIUS, and VOLUMNIUS.)

I prithee, Strato, stay thou by thy lord:
Thou art a fellow of a good respect;
Thy life hath had some smatch of honour in it:
Hold then my sword, and turn away thy face,
While I do run upon it. Wilt thou, Strato?

STRATO Give me your hand first. Fare you well, my lord.

BRUTUS Farewell, good Strato.

(Runs on his sword.)

Caesar, now be still:
I kill'd not thee with half so good a will.

(Dies.)

(Alarum. Retreat. Enter OCTAVIUS, ANTONY, MESSALA, LUCILIUS, and the army.)

OCTAVIUS What man is that?

MESSALA My master's man. Strato, where is thy master?

क्लीटस भागिए, स्वामी. दौड़िए, स्वामी.

ब्रूटस विदा, अलविदा. दोस्तो, अलविदा.
तुम्हें... तुम्हें भी... वोलुमनियस.
स्ट्रेटो, तू सो रहा था अभी तक.
तो अलविदा, स्ट्रेटो... मेरे देश के
लोगो, आप का, सब का, यही उपकार
है मुझ पर--थे आप मेरे मित्र जीवन
भर, और सब थे पूर्ण निष्ठावान. हार
कर भी आज मैं गौरव कमाऊँगा...
विदा, अलविदा. साथियो, अलविदा...
मौन होना है मुझे. हो पूर्ण अब
इतिहास मेरा. अब नयन पर छा
रहा है बोझ भारी. अब चाहती हैं
अस्थियाँ विश्राम. कष्ट की अंतिम
घड़ी है.

(तूर्यनाद. नेपथ्य में शोर: 'दौड़ो, भागो'.)

क्लीटस भागिए, स्वामी. दौड़िए, स्वामी.

ब्रूटस चलो, तुम चलो. आता हूँ मैं भी.

(क्लीटस, डार्डेनियस, वोलूमनियस जाते हैं.)

स्ट्रेटो, सुन साथी. सुन विनय मेरी.
मित्र है तू. तू भला है. कल्याण
हो तेरा. ले पकड़ तलवार मेरी.
फेर ले मुँह. दौड़ कर आता हूँ मैं.

स्ट्रेटो हाथ दो अपना. लो अलविदा, स्वामी.

ब्रूटस स्ट्रेट्रो, अलविदा.

(ब्रूटस मरता है.)

हो शांत अब, सीज़र.
जब तुझे मारा नहीं उत्साह था इतना.

(तूर्यनाद. एंटनी, आक्टेवियस, मेसाला, लूसीलियस और सेना आते हैं.)

आक्टेवियस यह कौन है?

मेसाला स्ट्रेटो है. स्वामी का सेवक.
बोल, कहाँ हैं स्वामी?

STRATO Free from the bondage you are in, Messala:
The conquerors can but make a fire of him;
For Brutus only overcame himself,
And no man else hath honour by his death.

LUCILIUS So Brutus should be found. I thank thee, Brutus,
That thou hast proved Lucilius' saying true.

OCTAVIUS All that served Brutus, I will entertain them.
Fellow, wilt thou bestow thy time with me?

STRATO Ay, if Messala will prefer me to you.

OCTAVIUS Do so, good Messala.

MESSALA How died my master, Strato?

STRATO I held the sword, and he did run on it.

MESSALA Octavius, then take him to follow thee,
That did the latest service to my master.

ANTONY This was the noblest Roman of them all:
All the conspirators save only he
Did that they did in envy of great Caesar;
He only, in a general honest thought
And common good to all, made one of them.
His life was gentle, and the elements
So mix'd in him that Nature might stand up
And say to all the world 'This was a man!'

OCTAVIUS According to his virtue let us use him,
With all respect and rites of burial.
Within my tent his bones to-night shall lie,
Most like a soldier, order'd honourably.
So call the field to rest; and let's away,
To part the glories of this happy day.

(Exeunt.)

स्ट्रेटो दूर, बहुत दूर हैं वे इस दासता से
जिस में बँधे हो तुम. जो विजेता
हैं--केवल अगन ही दे सकेंगे.
जब तक रहे, ऊँचे रहे. छू न
पाया कोई शत्रु देह स्वामी की.

लूसीलियस यही था योग्य स्वामी के. नमन
है, मार्क ब्रूटस को नमन है. सत्य
कर दी घोषणा मेरी.

आक्टेवियस मार्क ब्रूटस के सभी सहचर रहेंगे
साथ अब मेरे. बोल, है स्वीकार तुझ को?

स्ट्रेटो मेसाला कहें तो...

आक्टेवियस कहो, ना, मेसाला

मेसाला कैसे गए स्वामी हमारे?

स्ट्रेटो तलवार मेरे हाथ में थी, दौड़ कर
झेली उन्हों ने.

मेसाला आक्टेवियस, लो,
तुम इसे भी साथ ले लो. अंत तक
सेवा इसी ने की.

एंटनी रोमनों में श्रेष्ठतम केवल वही
थे. षड्यंत्र में शामिल बहुत थे,
देशप्रेमी न्यायप्रेमी बस वही थे.
सब रोमनों का हो भला--वह चाहते
थे. जीवन सहज था. मन मधुर था.
पंचभूतों का मिलन संपूर्ण था
उन में. वे नरों में अन्यतम थे.

आक्टेवियस पूर्ण आदर और निष्ठा अंत में
उन को मिलेगी. रोम माँ की गोद
में, सब रोमनों के सामने, हो कर्म
उन का. मेरे शिविर में वे करें विश्राम.
हम भी चलें, भोगें विजय के भोग.

(सब जाते हैं.)

जूलियस सीज़र

जूलियस सीज़र के इस काव्यानुवाद का मंचन १९९१ में राष्ट्रीय नाट्य विद्यालय के रंगमंडल के लिए नई दिल्ली सहित कई नगरों में हुआ. उस का निर्देशन किया श्री इब्राहिम अल्काज़ी ने और उस में भूमिकाएँ प्रस्तुत कीं इन कलाकारों ने--

जूलियस सीज़र	श्रीवल्लभ व्यास
आक्टेवियस सीज़र	बापी बोस
मार्कस एंटोनियस	अभिजित लाहिड़ी/ अनुपम श्याम
ऐमिल लेपिडियस	अनुपम श्याम/ अभिजित लाहिड़ी
सिसैरो	सौरभ शुक्ला
पबलियस	हेमंत पांडे
पोपीलियस लेना	सुनील कुमार सिंह
मार्कस ब्रूटस	रवि खानविलकर/ अमित बैनर्जी
कैसियस	रवि कौशल
कास्का	सुरेश शेट्टी
ट्रेबोनियस	महेश पाटिल
लिगारियस	जितेंद्र शास्त्री
डीसियस ब्रूटस	रोहिताश्व गौड़
मेटेलस सिंबर	संजय शर्मा
सिन्ना	अमित बैनर्जी/ रवि खानविलकर
फ़्लावियस	संजय शर्मा
मारूलस	बापी बोस
आर्तेमिडोरस	अखिलेश खन्ना
कवि सिन्ना	सीताराम पांचाल
त्रिकलज्ञ	संजीव के. सागर
भाट	सौरभ शुक्ला
लूसुलियस	सुरेश शेट्टी
टिटीनियस	सुनीलकुमार सिंह
मेसाला	सतीश गौतम
कुमार कैटो	महेश पाटिल
वोलुमनियस	जितेंद्र शास्त्री
वारो	हरि व्योम
क्लीटस	गोपाल अग्रवाल
क्लौडियस	मोतीलाल खरे
स्ट्रेटो	श्रीवल्लभ व्यास
लूसियस	मंदाकिनी गोस्वामी
दारदेनियस	प्रमोद सचान
पिंडारस	संजय शर्मा
कैल्पूर्निया	हेमा सिंह
पोर्शिया	सीमा विश्वास

सांसद, नगरजन, रक्षक, अनुचर, सैनिक... (अनेक कलाकारों द्वारा अनेक भूमिकाएँ)--

मोतीलाल खरे, अजय रोहिल्ला, प्रमोद सचान, देवेन शर्मा, गोपाल अग्रवाल, संजय शर्मा, सौरभ शुक्ला, रोहिताश्व गौड़, सुनील कुमार सिंह, महेंद्र शर्मा, सुरेश शेट्टी, निर्मल दास, हरि व्योम, सुनील जायसवाल, हेमंत पांडे, नीलिमा शर्मा, प्रतिमा काज़मी, मंदाकिनी गोस्वामी, हेमा सिंह, स्वरूपा घोष, सीमा विश्वास, प्रेमलता, अलका अमीन, ओम प्रकाश, अखिलेश खन्ना, देवेन शर्मा, अनुपम श्याम, सीताराम पांचाल, अखिलेश खन्ना, अमित बैनर्जी, संजीव के. सागर, राजकिशोर, हेमंत पांडे, आदि...